녹색
자본론

MIDORI NO SHIHONRON
by Shinishi Nakazawa
Copyright © Shinishi Nakazawa, 2009
All rights reserved.
Original Japanese edition published by Chikumashobo Ltd.
Korean translation copyright © 2025 by Bookdramang Publishers.
This Korean edition published by arrangement with Chikumashobo Ltd., Tokyo, through Imprima Korea Agency

녹색 자본론

발행일
초판 1쇄 2025년 8월 1일

지은이
나카자와 신이치

옮긴이
구혜원

펴낸이
김현경

펴낸곳
북드라망
주소. 서울시 종로구 사직로8길 34 307호(경희궁의아침 3단지)
전화. 02-739-9918
팩스. 070-4850-8883
이메일. bookdramang@gmail.com

ISBN
979-11-92128-61-0 03300

한국어판Copyright©구혜원
저작권자와의 협의에 따라 인지는 생략했습니다.
이 책은 저작권자와 북드라망의 독점계약에 의해 출간되었으므로
무단전재와 무단복제를 금합니다.
잘못 만들어진 책은 서점에서 바꿔 드립니다.

책으로 여는 지혜의 인드라망, 북드라망 bookdramang.com

녹색
자본론

나카자와 신이치 지음
구혜원 옮김

contents

문고판 서문 7
서문 13

압도적 비대칭 — 테러와 광우병에 대하여 17

녹색 자본론 — 이슬람을 위하여 41
  1. 일신교를 둘러싼 인식론 수업 42
  2. 이자(이윤)를 부정하는 이슬람 59
  3. 타우히드 화폐론 75
  4. 성령은 증식한다 89
  5. 마르크스의 '성령' 105
  에필로그—수크에서 132

슈토크하우젠 사건 — 안전영역에 포섭된 예술의 시련 141

부록 모노(モノ)와의 동맹 — 증식, 생명, 자본주의 159
  1. 모노에 대하여 160
  2. 빛에 대항하는 모노 179
  3. 모노와의 동맹 200

옮긴이 후기 227
찾아보기 237

일러두기

1. 이 이 책은 나카자와 신이치(中沢新一)의 『緑の資本論』(筑摩書房, 2009, 초판은 集英社, 2002)을 완역한 것입니다.
2. 주석은 모두 각주이며, 원서의 주는 번호(1, 2, 3…)로, 옮긴이의 주는 별표(*, **, *** …)로 표시했습니다.
3. 내용의 이해를 돕기 위해 옮긴이가 첨가한 말은 본문 중에 작은 글씨로 덧붙였습니다.
4. 단행본·경전·정기간행물의 제목에는 겹낫표(『』)를, 단편·논문 등에는 홑낫표(「」)를, 영화·미술 작품 등에는 홑화살괄호(〈〉)를 사용했습니다.
5. 외국 인명·지명 등의 고유명사는 2017년에 국립국어원에서 개정한 외래어표기법을 따라 표기했습니다.

문고판 서문

이 책에 수록된 글은 모두 단숨에 쓴 것으로, 당시에는 터무니없는 제목을 붙였다는 것도 의식하지 못했다. 단행본으로 출판하고 나서야 비로소 스스로의 무모함을 깨닫고 식은땀을 흘렸는데, 이 세상에 이만큼 대담한 제목의 책은 여간해서는 없을 것 같았기 때문이다. 그만큼 내 머릿속은 들끓고 있었다. 이번에 다시 보니, 금세기 초엽에 일어난 사건이 불러일으킨 충격이 얼마나 컸는지를 다시금 통감하게 된다.

그러나 이후 내가 한 작업들의 맥락에서 생각해 보면, 이렇게 엄청난 제목도 나름대로 납득할 만한 이유가 있다. 『자본론』의 핵심은 제1권에서 전개된 가치형태론 부분이다. 이 책에서 나는 이슬람의 '타우히드' 존재론에 기반하여 가치형태론을 다시 쓰는 실험을 했다.

그런 의미에서 이 책은, 물론 경제학책은 아니지만, 타우히드* 이론을 따라 다시 쓰는 가치형태론이라는 의미로 『자본론』의 (이 상태에서는 아직 미완성인) '녹색'판이라 할 수 있다. 지금이라면 다시 쓰기 작업을 더욱 조직적이고도 체계적으로 수행하여 실험을 거의 완성할 수 있을지도 모른다. 하지만 나는 9/11 직후 번뜩였던 직감(사실은 '하늘의 계시'라고 쓰고 싶지만)의 생생함을 보존하고 있는 이 텍스트들에 지금도 깊은 애착을 품고 있으며, 더 이상 손을 대고 싶지 않을 정도다.

타우히드 이론은 『자본론』이 입각한 '가치'의 사고방식보다 훨씬 깊이 있는 가치이론을 도출했다. 마르크스적으로 보면, 가치는 인간이 자연에서 일할 때 발생한다. 그것을 노동이라고 부른다면, 가치는 모노(モノ)**에 포함된 인간노동이 만드는 것이다. 상품사회에서는 그러한 모노가 같은 가치를 갖는 다른 모노와 교환되어, 그로 인해 교환가치가 발생한다.

마르크스는 이러한 가치론을 등가교환의 사고방식과 연관시켰다. 그러자 등가교환 과정에서, 이른바 등가교환의 '철학'인 화폐가 지극히 자연스럽게 출현한다. 등가교환에서는

---

* 타우히드(tawhīd)는 하나님의 유일성(唯一性), 불가분성, 절대성, 유일한 실재임을 인정하는 이슬람교의 핵심 교리이다.
** '모노'는 '것'(物)을 뜻하는 일본어이다. 사물과 사건 총체를 나타내며, 사물이 갖고 있는 본연의 에너지를 의미하기도 한다.

동일한 양의 가치가 교환되어야 한다. 마르크스가 보기에, 교환되는 가치는 각각의 상품에 포함되어 있는 인간노동이며, 그 양은 노동시간에 비례한다.

마르크스는 그리스도교 세계인 서구에서 발생한 노동권, 가치론, 교환론 등을 지양(止揚)하여 가치형태론을 만들었다. 이에 비해 이슬람 경제는 타우히드 이론에 기초하여 전혀 다른 가치론을 발전시켰다. 이슬람 세계에서는 일신교적 사고가 단순명쾌한 방식으로 발달했다. 우리가 사는 존재세계는 있는 그대로 절대자(알라)의 자기표현이다. 그렇기에 이슬람에서는 '성'(聖)과 '속'(俗)이 일체이며, 그리스도교 세계만큼 '성'과 '속'이 분리되지 않는다. 게다가 존재세계는 자비로운 절대자의 '증여'로 인해 생겨났다. 절대자의 무한한 자기표현인 개개의 존재자(존재물)는 서로 다를 수밖에 없다. 타우히드의 논리에 따르면 절대자의 표현은 '가치'이며, 그 가치에는 처음부터 증여의 논리가 들어 있다. 그러므로 엄밀하게 말하면 모노끼리의 등가교환은 성립하지 않는다.

따라서 타우히드 사고에 충실한 이슬람 교인들에게, 등가교환 논리의 확장으로 인해 성립된 화폐는 상거래를 위한 편리한 도구 이상의 의미가 없다. 이슬람에서는 화폐에 가치의 담지자라는 적극적인 의미를 부여하지 않는다. 더구나 화폐가 화폐를 낳는 '이자' 따위를 인정하지도 않는다. 사람들이 상품을 매매하는 과정에서 상품에 내재된 인간노동의 가치(그것은 시간으로 계산되고 화폐로 표현된다)를 교환한다는 사고방식도 생겨나지 않았다. 바로 이것이 일신교의 사고를 밀어붙일 때 이르게 되는 타우히드 가치론이다. 그것은 마르크스의 노동가치론이나 근대경제학의 한계효용론과는 근본적으로 다른 사고방식을 구축하는 경제세계를 만든다.

『녹색 자본론』을 쓰면서 나는 글로벌 자본주의를 추구하는 서구형 자본주의의 보편성을 의심하게 되었다. 그뿐인가. 『자본론』 전체가 기대고 있는 가치형태론을 상대화하다 보니, 현대세계에서 번영을 누리고 있는 경제학적 사고 전부에 이의를 제기할 수밖에 없게 되었다. 이렇게 작은 책이므로 생각만큼 야심 찬 작업을 진행할 수는 없었지만, 이 책이 나의 탐구 방향에 큰 영향을 준 것은 분명하다.

처음 이 책을 낼 때만 하더라도, 역사나 정치 현실에 대한 고찰을 제쳐 놓고 이슬람 경제의 '원리'만을 문제 삼은 시론에 도대체 어떤 현실적 의미가 있을까 하는 의문이 들었다. 하지만 세계화로 인해 출현한 세계 규모의 자본주의가 위기에 처한 지금이야말로, 이 책에서 시험한 '원리'적 사고가 기묘한 현실성을 갖기 시작한 것 같다. 오늘날 일어나고 있는 사태, 즉 일종의 자본주의 자괴(自壞) 현상은 케인스적 처방으로도 슘페터적 전망으로도 그다지 개선 효과를 기대할 수 없어 보인다. 만약 자본주의가 인류라는 종의 마음 본성에 뿌리내리고 있는 보편적인 경제 시스템이라면, 이러한 사태에 직면하더라도 위기를 타개하여 새로운 형태로 거듭나고 발전할 수 있을 것이다. 하지만 오늘날 많은 사람들의 마음에 싹트고 있는 불안은 과연 이 경제 시스템이 인류의 마음에 적합하고 보편적인 것인가 하는 의심에 뿌리내리고 있다.

다른 누구도 아닌 마르크스야말로 그러한 의구심을 품은 사람이었다. 그러나 그의 『자본론』은 서구세계가 공유하는, 자본주의야말로 인류사의 보편성의 현현이라는 통념에서 완전히 자유롭지 못했던 게 아닐까. 서구세계에서 발달한 가치론의 사고방식은 결코 인류 마음의 구조에서 자연스럽게 나타난 보편적인 것이 아니다. 오히려 사고의 자연스러움이라는 점에서 본다면 이슬람의 타우히드 존재론 쪽이 인류학적으로 훨씬 보편성을 갖추고 있다. 예를 들어, 사실 애니미즘적 세계관을 그대로 형이상학화한다면 거기에는 타우히드와 꼭 닮은 사고구조가 만들어질 것이다.

우리는 새로운 가치론에 의거한 새로운 경제론이 탄생해야 하는 시대에 진입했다. 너무 빨리 등장했던 이 책이 이제야 비로소 자기 시대를 맞았다는 생각이 든다. 문고본으로 다시 나온 『녹색 자본론』이 많은 사람들의 마음에 변화를 일으키고 그것이 다시 경제 현실에도 변화를 일으킬 수 있게 된다면 얼마나 좋을까.

파리 대학에서 가르치고 있는 야타베 가즈히코(矢田部和彦) 씨에게 문고본을 위한 해설을 부탁했다.* 그 이유는 서구 중에서도 이슬람 세계가 파도처럼 밀어닥친 도시 한복판에 사는 지성이, 보다 구체적인 감각과 시점을 갖고 이 책을 평가하길 원했기 때문이다. 야타베 씨는 이집트에서 유소년기를 보냈고, 오랫동안 파리에 기거했으며, 대학에서는 피에르 부르디외에게서 사회학을 배웠기에 해설 작업에 꼭 맞는 분이다. 편집 작업과 관련해서는 지쿠마쇼보(筑摩書房)의 마치다 사오리(町田さおり) 씨와 시조 에이코(四條詠子) 씨에게 많은 신세를 졌다. 이 책은 나의 사고를 한 차례 비약시켰다. 이 점만으로도 이번 문고본 출간에 감개가 무량하다.

---

* 이 해설은 원저작권사에서 가즈히코 씨와 연락이 안 되고 있어 한국어판에는 실리지 못했다.

서문

9월 11일 밤, 나는 고층빌딩이 모래성처럼 붕괴되는 동시에 그 자리에 투명하고 거대한 거울이 서는 것을 똑똑히 보았다. 그 거울은 우리가 살아가는 세계의 모습을 무자비할 정도로 정확하게 비추었다. 거울은 어떤 왜곡도 없이, 어떤 흐릿함도 없이, 어떤 희망도 절망도 없이, 그저 조용히, 세계가 환상의 구름으로 뒤덮여 있는 모습을 또렷하게 보여 주었다.

그 거울의 출현을 보았기에, 사고 회로는 이전처럼 작동할 수 없었다. 지금까지의 체제는 전부 무너졌다. 따라서 이제부터는 모든 것을 노골적인 '리얼 월드'(real world)에 입각해 사고해야 한다. 내가 아닌 '뭔가'가 말하기 시작했다. 나는 이제 내 '사고'(思考)의 주인일 수 없다. 내가 사고하는 것이 아니라 '사고'가 나를 몰아세우며 언어와 마주하게 했기 때문이다.

그 결과 놀라울 정도로 짧은 기간 안에 세 편의 글이 작성되었다.

「압도적 비대칭」에서 사고(思考)는 한 명의 루소가 되어 국가의 야만을 고발한다. 국가의 발생으로 인간 세계에는 돌이킬 수 없는 비대칭이 구축되었는데, 야만은 이 비대칭 속에서 생겨났다. 무수한 고발과 저항에도 불구하고 이 비대칭은 이제 '글로벌리즘'의 토대가 되었고 지구상에 압도적인 지배력을 펼치려 한다. 9월 11일의 폭력은 바로 이 비대칭으로부터 유발되었다. 인류에게는 새로운 사회계약이 필요하다. 동시에 동물을 포함한 자연과도 이 비극적 비대칭 상황을 전복할 새로운 자연계약을 맺어야 한다.

「녹색 자본론」은 이슬람에 대한 편견과 무지에 대한 분노가 썼다. 이 글에서는 일신교의 원리를 유물론적으로 옹호하고자 하는 시도가 이루어진다. 지구상에 거대국가가 잇따라 출현하는 시대에 일신교는 그 편집증과 싸우고자 했는데, 동시에 그것은 자본주의의 맹아와 치르는 섬세한 전투이기도 했다. 오늘날에는 이슬람의 원점 회귀를 주장하는 사람들만이 이것을 기억하고 있다. 이 글은 그 기억을 마르크스와 함께 고찰한다.

「슈토크하우젠 사건」은 내 개인적 체험과 크게 관련되어 있다. 이 존경할 만한 작곡가는 9월 11일 사건에 대해 '비인도적 발언'을 했다는 이유로* 매스컴으로부터 맹비난을 받았다. 나는 이 사실을 뉴스를 통해 알았는데, 바로 그때, 내가 몇 년 전 체험했던 불합리한 일이 떠올랐다. 나는 가능한 모든 수단을 동원해 사건의 진상을 알아봤다. 조사 결과, 오늘날의 위기란 예술과 사상이 곤경에 처해 있다는 것임을 알았다.

「모노(モノ)와의 동맹」은 9월 11일 이전, 비교적 한가한 시간에 쓴 것이다. 이 글은 부록으로 수록하였다. 생명과정과 주술의 원리에 공통적으로 보이는 증식성의 문제를 화폐의 세계에 적용한다면, 상품 교환의 첨단에서 발생하는 자본의 증식작용을 살펴보는 데까지 나아갈 수 있겠다. 그러나 이 글은 스케치를 하는 데 그쳤으므로 「녹색 자본론」의 보강 정도를 기대할 뿐이다.

2002년 3월 8일

---

* 독일의 작곡가인 카를하인츠 슈토크하우젠은 2001년 미국 9/11테러에 대해, "가장 위대한 예술작품"이라고 표현해 논란을 일으켰다. 이 발언으로 인해 그는 예정되어 있었던 연주회를 취소당했다.

圧倒的な非対称

압도적 비대칭

―테러와 광우병에 대하여

압도적으로 비대칭적이다.

한편에는 집중되고 축적되고 매개된 힘과 시스템이 있다. 한번 완성된 것이 쉽게 무너지거나 소멸하지 않도록 다양한 방어책을 마련한 것이다. 하늘과 지하와 전화선 안에는 물자와 정보의 이동이 막힘없이 진행되기 위한 확실한 교통로가 건설되어 있다. 사회 전체를 둘러싸고 있는 거대한 면역 시스템이 끊임없이 작동하고, 이물질이 들어오면 바로 제거할 수 있는 기구도 발달해 있다. 이 안전하고 풍요로운 세계에서 생활하는 사람들을 위한 대량의 식량과 에너지도 반입된다. 매일 믿을 수 없을 정도로 많은 수의 가축이 살해되고 있지만, 매대에 진열된 고기에서 이 사실을 상상할 만한 흔적은 찾을 수 없다. 이제 인간은 자연에 노출되어 생활할 필요가 없다. 자연은 휴일에 방문한 해변에서 인조 미끼로 낚시하는 것만으로 충분히 만날 수 있다. 이러한 세계는 '부유한 세계'다.

그런데 다른 한편에는 온갖 종류의 직접적인 만남만 있다. 자연의 움직임과 인간의 삶은 분리되지 않고 직접 맞닿아 있다. 자연의 움직임은 단순한 필터를 통해 변형되어 사회 내부로 흘러들어 온다. 생활의 전 영역은 아직 상품화되거나 정보화되지 않았다. 그 때문에 한때 확실한 가치를 부여받았던 것도 바로 티끌이나 먼지로 쉽게 해체된다. 사건을 즉시 새로운 정보로 바꾸는 시스템도 발달하지 않았기에, 풍부한 뉘앙스와 복잡성이 아직 생생하게 눈과 귀로 받아들여진다. 사람은 '역할'대로 살지 않는다. 인생 그 자체가 롤플레잉(Role-Playing)되지 않은 것이다. 신(神)은 일상에 있다. 인간은 신과의 관계에서 성가신 중개자를 필요로 하지 않으며, 하루에 다섯 번 혹은 얼마든지 신과 만날 수 있다. 물론 그러한 사회도 사회인 이상 무구하지만은 않다. 내가 죄를 범하면 그 현장은 남의 눈에 띄기 쉽게 드러난다. 동물의 살해가 희생의 한 형태인 것을 모두가 알고 있고, 그 현장에서 눈을 돌리지 않는다. 상식적으로 보면 이러한 세계는 '빈곤한 세계'다.

'빈곤한 세계'는 자신과 압도적으로 비대칭적 관계를 이루고 있는 '부유한 세계'로부터 위협을 느낀다. 또한 '부유한 세계'가 자신의 긍지나 명예 그리고 가치를 침해한다고 생각한다. 실제로 '부유한 세계'는 극단으로 편중되는데, 그럴수록 이 비대칭성은 점차 부각된다. '부유한 세계'는 압도적인 정치력·군사력·경제력을 마음대로 행사하며 '빈곤한 세계'를 어린아이 취급한다. '빈곤한 세계'는 내부에 사치품이나 신과의 직접적 연결을 오염시키는 매개 시스템을 이식당하고, 그것을 굴욕과 모독과 폭력이라고 느낀다. 이와 같은 압도적 비대칭 상황은 테러를 불러들이게 될 터. 압도적 비대칭은 양자 사이에 만들어져야 할, 이해를 낳는 모든 관계를 저해한다. 그로 인해 둘 사이에는 사랑이든 증오든 교통의 통로를 열기 위한 교역·결혼·교류·대화 같은 것이 아닌, 테러에 의한 죽음의 입맞춤 혹은 파괴뿐인 수단만 남는다(그것을 '새로운 전쟁'이라 부를 수도 있겠는데, 확실히 서구의 전통적 전쟁 모델과는 맞지 않는다).

21세기에 들어, 압도적 비대칭은 세계적 규모의 현실이 되었다. 그것이 낳은 절망으로부터의 탈각을 말하기 위해, 시대를 넘어 선구적으로 사고했던 한 작가를 언급해야겠다. 바로 미야자와 겐지(宮沢賢治)다. 미야자와 겐지는 인간 세계에 형성된 비대칭 관계에는 근원적 원형(原型)이 있다고 생각했다. 바로 근대를 사는 인간과 야생동물의 관계다. 인간이 총을 손에 넣은 때부터, 야생동물은 인간과 어떠한 대칭적 관계도 맺을 수 없게 되었다. 인간이 활과 화살만 가지고 있었을 때 겨우 실현할 수 있었던 현실적·심리적·상징적인 대칭적 관계가, 철포의 출현 이후 불가능하게 된 것이다. 압도적 우위에 선 인간은 가축만이 아니라 야생동물까지도 어린아이 취급했다. 그들로부터 생존의 긍지를 빼앗고, 아무렇게나 살해하고, 아무렇게나 고기나 가죽을 취하고, 유해에 경의를 표하는 일조차 하지 않게 되었다. 야생동물은 점점 생활 환경을 빼앗겨 막다른 곳까지 몰렸다. 근대의 기술을 몸에 두른 인간은 '부유한 세계'를 향유하는 한편, 야생동물은 '빈곤한 세계'에서 살 수밖에 없다. 지금 인간 세계에서 일어나고 있는 일의 원형은 동물과 인간의 관계이며, 그 관계가 현실화된 것이다.

미야자와 겐지는 이러한 압도적 비대칭이 낳은 폭력에 노출된 야생동물들이 인간을 향한 테러를 꾸미는 일이 '지당하다'라고 긍정했다. 그는 테러 그 자체를 언어도단이라고 부정하는 대신 비대칭성이라는 아포리아로부터의 탈각을 사고했다. 도시에서 숲으로 소총을 들고 온 신사들에게, 산고양이가 참으로 손이 많이 가는 세련된 보복 테러를 가하는 「주문 많은 요리점」 같은 작품만 있는 것이 아니다. 지금 내가 떠올린 이야기는 「빙하쥐 모피」다.

이 작품은 한겨울의 '이하토브' 역에서 시작한다. 플랫폼에는 북으로 향하는 급행열차 '베링행 초특급열차'가 모든 준비를 마치고 발차 신호를 기다리고 있다. 난방 중인 차 안으로 두꺼운 모피 방한구를 입은 승객들이 차례차례 들어온다. 그중에서도 장관인 것은 이하토브 출신 부호 '다이치'의 차림새로, 그는 겨울옷 위에 해달 안감을 댄 내외투(內外套), 비버 중외투(中外套), 흑여우 모피로 안팎을 댄 외외투(外外套), 게다가 '북극 형제 상회'의 특허제품인 천천히 발열하는 외투까지 덧입었다. 더 놀라운 것은 겉옷인데, 그것은 사백오십 마리 빙하쥐의 모피로 만든 것이었다.

다이치는 베링행 열차에 탑승한 승객들의 방한구를 대충 훑어보고는 매우 만족했다. 각자 나름대로 갖춰 입고 있지만 자신보다 우수한 이는 없었기 때문이다. 신경 쓰이는 것은 두 사람뿐. 한 사람은 자신이 신사답게 두꺼운 장갑을 세 켤레 가지고 있으며, 외투는 모로코 여우 상등품이라고 떠들었다. 그러나 주의 깊게 살펴보면 진품은 아니었는데, 안목 있는 다이치는 금방 알았다. 견사로 만든 모조품인 것이다. 다른 한 사람은 젊은이로, 아무래도 뱃사람 같다. 그는 아까부터 조용히 차창의 어둠을 응시하고 있을 뿐이다. 청년의 방한구는 매우 변변치 않았는데, 노란색 무명 상의를 입고 있을 뿐이었다. 다이치가 말했다. "이봐, 자네. 지금 가는 곳은 무척 추워. 그 범포(帆布)돛을 만드는 데 쓰는 질긴 천 한 장으로는 버틸 수 없다고. 그래도 자네는 꽤 호기로워 보이는군. 좋아, 내 기꺼이 외투 한 장을 빌려주지. 내가 가진 것을 빌려주겠단 말이야. 그렇게 하지." 그러나 젊은이는 들은 척도 않고 어두운 밖을 응시할 뿐이었다. 다이치의 실책은 저편 모퉁이에 앉아 있는, 여윈 북극여우 같은 얼굴에 붉은 수염을 기른 사람에게 그다지 주의를 기울이지 않은 것이었다. 이 남자는 부지런히 수첩에 뭔가를 적고 있었다. 모두의 대화를 기록하고 있었던 것이다. 그러나 이 일의 중대함은 더 나중이 되어서야 드러난다.

위스키에 취한 다이치는 계속 큰 소리로 말했다. 나는 북극에 도착하면 소총으로 거기 사는 흑여우를 사냥할 생각이다. 친구들과 내기를 해서 흑여우 모피 구백 장을 가져가기로 했다. 아아, 그건 그렇고 혼자 하는 여행은 싫다. 누구도 나를 떠받들어 주지 않는다. 아무도 이 몸을 모르는 것인가. 다이치라고 하면 이하토브에서는 누구라도…. 이윽고 모두 잠들어 버린 밤, 다만 열심히 수첩에 기록하기를 계속하는 붉은 수염의 북극여우 같은 남자와, 별이 반짝이는 창밖을 응시하는 노란 무명옷의 뱃사람 같은 젊은이만은 깨어 있었다.

날이 밝았다. 느닷없이 기차가 급정거했다. 졸음이 가시지 않은 얼굴의 승객들이 무슨 일인지 몰라 허둥대고 있다. "그때 갑자기 밖이 소란스러워지더니 문이 벌컥 열리고 아침 해가 맥주처럼 흘러들어 왔습니다. 붉은 수염이 무시무시한 얼굴을 하고 번쩍번쩍한 총을 들이대며 들어왔습니다. 그 후 스무 명의 무시무시한 얼굴의 사람들이, 사람이라기보다는 북극곰이라고 하는 편이 어울릴, 아니, 북극곰보다는 눈여우라고 말하는 편이 어울릴 듯한 매우 푹신푹신한 모피를 입은, 아니, 입었다기보다는 모피가 가죽인 듯한 자들이 이상한 가면을 뒤집어쓰거나 목도리를 눈까지 올리고 새하얀 숨을 후우후우 토해 내며 모두 커다란 권총을 들고 객차 안으로 들어왔습니다."

테러리스트의 등장이다. 그러나 이 경우 테러를 결행하려는 자는 [인간이 아니라] 북극곰이나 눈여우로 보이는 북극 지방의 위대한 야생동물들이다. 그들이 가면이나 목도리로 얼굴을 가리고 이 고급 급행열차에 올라탄 것이다. 북극여우를 닮은, 아니 북극여우 그 자체인 붉은 수염이 승객들을 고발한다. 맨 처음에 고발된 자는 대부호 다이치다. 이 남자는 해달과 비버와 흑여우 모피로 만든 외투를 껴입었을 뿐만 아니라 희귀종인 빙하쥐의 목가죽만으로 만든 상의도 입고 있다. 그렇게 껴입었으면서 녀석은 흑여우 모피 구백 장을 갖겠다고 지껄였던 것이다. 붉은 수염의 수첩에 기재된 내용에 의거하여 죄상이 고발된 승객들이 끌려 나온다. 가짜 모로코 여우를 입은 신사는 개중 행운아였는데, 동물들이 붉은 수염의 보고에 의거하여 고지식하게도 이 남자만은 풀어 준 것이다.

고발당한 자들이 고개를 숙이고 밖으로 끌려 나가려는 바로 그때였다. 창밖을 응시하던 노란 무명옷을 입은 청년이 전광석화 같은 재빠른 솜씨로 공중으로 날아올라 붉은 수염의 권총을 빼앗고 그를 인질로 잡아 버린다. 그리고 밖에 있는 테러리스트들을 향해 큰 소리로 외친다.

"이봐, 곰 양반들. 너희들이 하려는 일은 지당하다. 하지만 우리도 어쩔 수 없어. 살아 있는데 옷을 입지 않을 수는 없잖아. 너희들이 물고기를 사냥하는 것과 같은 일이라고. 그래도 무법적인 짓은 이제 주의하라고 말할 테니 이번 한 번만 용서해줘. 좀 이따 기차가 움직이면 내가 포로로 잡은 이 남자는 돌려보낼게."

테러리스트 곰들은 받아들인다. 그 후 무슨 일이 일어났는지는 모른다. 하지만 여기서 미야자와 겐지는 테러의 시대가 되는 미래를 향해 명확한 사상적 메시지 하나를 성공적으로 전달한다.

노란색 무명 상의를 입고 있는 남자의 짧은 대사를 통해, 미야자와 겐지는 다음과 같은 사상을 전한다.

(1) 오랫동안 야생동물은 인간과의 압도적 비대칭 관계가 낳은 폭력에 노출되어 고통받아 왔다. 그 관계를 잠깐이라도 파괴하지 않는다면, 동물의 왕인 곰들이 인간에게 가하는 테러 행위는 진실로 '지당하게' 된다.

(2) 그러나 인간이 동물을 살해하여 먹거나 가죽으로 옷을 만드는 것은, 예컨대 곰이 가을 계곡에서 기분 좋게 연어를

잡아먹는 것과 마찬가지로 자신의 생명을 지키기 위한 어쩔 수 없는 일이다. 동물은 모두 다른 동물이나 식물의 생명을 빼앗으며 살아야 하는 업(業)을 안고 있다. 이는 불가피한 일로, 생물끼리 서로 이해해야 한다.

(3) 하지만 무법적인 행위는 용서할 수 없다. 동물들이 자신과 가족의 생명을 부지하기 위해, 아슬아슬한 선에서 다른 생물과 목숨을 교환하는 것은 어쩔 수 없지만, 어디까지나 대칭적 관계를 기초로 해야 한다. 이것은 생물계의 본래적인 법이다. 압도적 비대칭 관계를 기초로 할 때, 그 살해 행위는 무법이며 야만이다. '주의하라고 말하는' 것만으로 끝난다면 좋겠지만, 그럴 수 없다면 지혜를 모아 무법적인 행위를 그만두게 해야 한다. 다시 말해 우리는 인생의 모든 측면에서 대칭성이 회복될 수 있도록 노력해야 한다.

미야자와 겐지는 러시아혁명이 실현될 즈음에 살았던 사람이기에, 인간이 스스로의 능력으로 사회의 비대칭(불평등)을 뒤엎고 대칭성의 윤리를 회복할 수 있다고 말하는 사람들의 아름다운 몽상도 잘 알고 있었다. 그러나 아무리 이상적인 공산주의가 실현되더라도 세계의 근원적 비대칭은 해결되지 않는다. 압도적 비대칭으로 지탱되고 있는 오늘날의 문명은 잠재적 테러의 위협을 안은 채 번영을 향유하려고 하기 때문에, 문명의 무대 뒤에서는 끊임없이 무법적인 강압과 살육이 반복되는 것이다.

'베링행 초특급열차'야말로 우리 문명에 대한 비유다. 승객은 우리 자신이다. 언젠가 곰들이 권총을 쥐고 급정거된 기차를 급습하여 승객들을 고발하고 밖으로 끌고 나가 처형하지 말라는 보증이 없다. 억압된 무의식이 꿈이나 헛말을 통해 강고한 자아의 내부에서 솟아오르는 것처럼, '빈곤한 세계'의 의지는 테러를 통해 '부유한 세계'의 중추로 불어올 것이다. 늘 깨어 있는 문명은 유연성 없이 완고하기만 하다. 문명에도 많은 꿈과 헛말로 인해 야기되는 사건이 필요하다. 그로 인해 자아와 무의식 사이에 통로가 열리고 마음 내부에서 대칭성을 향한 변화가 시작하듯이, 문명을 구성하는 힘의 배치에도 변화가 생길 것이다. 테러리즘의 악몽은, 우리가 그것을 알아차리게 하는 격통을 포함한 각성의 일격이다.

*

대칭성을 보존하고 있는 사회에는 동물들의 테러에 대한 공포가 거의 나타나지 않는다. 물론 어떤 경우라도 기술 면에서는 인간이 동물보다 분명 더 뛰어나기에, 해결하기 어려운 비대칭은 늘 존재할 것이다. 그러나 대칭성 사회에서는, 현실을 지배하는 비대칭이 만든 죄를 생각하고 해결하려는 노력이 끊임없이 시도되어 왔다. 그리하여 다음과 같은 사상이 생겨났다.

예로부터 동물은 인간과 같은 말을 하고, 결혼도 하며, 서로를 형제나 부모, 자식으로 인정하는 동료였다. 그들은 평소 인간과 같은 모습을 하고 자신들의 마을에 살지만, 외출할 때는 동물 모피를 입는다. 그러면 인간은 동물의 모습을 한 곰이나 여우가 걸어온다고 인식한다. 인간과 동물은 평상시에는 다른 마을에 살고 있는데, 가끔 동물이 인간의 마을에 손님으로 방문한다고 생각하는 것이다. 동물들은 입고 있는 모피나 고기를 선물하기 위해 산을 내려온다. 사냥꾼이 죽인 동물은 그렇게 찾아온 손님인 셈이다. 인간은 모피와 고기를 벗은 동물의 영(靈)을, 최선을 다해 환대한다. 인간 마을에서 받은 환대에 완전히 만족한 동물의 영은 여러 선물을 받고 다음 방문을 기대하며 동물의 영의 세계로 돌아간다.

이러한 유형의 사상은 아이누*를 비롯한 많은 수렵민에게서 볼 수 있다. 인간과 동물 사이에는 비대칭적 현상이 엄연히 존재하고 그로 인한 심리적 고충도 있다. 수렵민은 대칭성 현

---

* 아이누는 일본의 주를 이루는 야마토 민족과 구분되는 북방계 민족이다. 일본 홋카이도 지방, 도호쿠 지방, 러시아 쿠릴 열도, 사할린, 캄차카 반도에 정착해 살던 선주민으로, 독자적 언어인 아이누어를 사용하며 독립된 부족국가를 이뤄 왔으나, 19세기 중반부터 일본에 빠르게 흡수되었다.

실에 대한 사고가 녹아 있는 신화를 통해, 그러한 고충을 대칭 관계로 변용시켜 극복하려 했다. 또한 신화에는 실제적 기능도 있다. 이러한 신화를 통해, 인간은 동물에 대한 겸허한 태도를 취하지 않으면 안 된다는 것, 필요 이상으로 헛되이 동물을 살해해서는 안 된다는 것, 귀중한 선물인 동물의 몸을 소홀히 다뤄서는 안 된다는 것을 마음 깊이 새긴다.

여기서는 아직 인간과 동물 사이에 압도적으로 비대칭적인 상황이 형성되지 않았다. 비대칭성이 형성되는 결정적인 시기는 동물의 가축화가 시작되면서부터다. 그 이전까지 수렵의 성패는 손님으로서 인간을 찾아온 동물의 호의에 크게 좌우되었다. 하지만 가축화가 진행되자, 동물의 섬세한 심리상태에 구애받지 않으면서도 확실하게 고기와 모피를 얻을 수 있고, 상대의 형편이나 생각을 몰라도 언제든 원하는 때에 동물을 이용할 수 있게 되었다. 동물은 이제 주체성을 잃은 '객체'가 되었기에, 생명조차 물건처럼 제멋대로 다뤄지고, 말을 완전히 빼앗긴다.

그리하여 테러의 공포도 없을 만큼 안전하고 정결한 세계가 출현했다. 시장에서는 대량의 고기가 원활하게 공급되고, 고기 부스러기까지 조미료로 가공되어 다양한 식재료 사이에 섞여 소비된다. 인간과 동물 사이의 압도적인 비대칭 관계는, 가축 세계에 흔들림 없이 확립되었다. 그러나 미동도 없어 보이는 이 비대칭성으로부터 다름 아닌 광우병이 출현했다. 현대인은 대칭성 사회의 사람들이 들으면 두려워 벌벌 떨 행위를 소에게 강요했던 것이다. 레비-스트로스가 「광우병의 교훈」*에서 말한 것처럼, 인간은 소에게 동족의 뇌와 내장을 사료로 먹여 서로 잡아먹게 했고 그들의 뇌를 스펀지로 만들었다.

일부 침팬지나 인간만 행하는 카니발 풍습을 압도적 비대칭 속에서 무력화된 초식동물인 소에게 강요한 결과, 식품산업의 토대를 뒤흔드는 사태가 발생했다. 이는 식품산업과 그것에 의지하는 우리 식생활 전체에 가해진 대규모 테러의 일격처럼 보이기도 한다. 이런 상황은 분명 인간에 의해 만들어졌다. 하지만 우리에게는, 마치 소가 스스로 인간이 먹을 수 없는 독극물로 변하여, 가축의 운명을 만드는 압도적으로 비대칭적인 세계로부터 영원히 도주하려는 결행으로까지 보인다.

이렇게 생각해 보면 광우병과 테러는 오늘날 문명이라는 동일한 병인(病因)에서 생겨난, 유사한 구조의 병리임을 알 수 있다. 이때 정부는 광우병에 걸린 무수한 소를 일괄 처분하거나, 테러리스트로 지목된 인물이나 단체를 말살하는 방안을 취할 수도 있다. 그러나 유감스럽게도 이러한 방안의 유효

---

* 한국어판은 클로드 레비-스트로스, 「'미친 소' 파동의 교훈」 『우리는 모두 식인종이다』 강주헌 옮김, 아르테, 2015 수록.

기한은 극히 짧다. 머잖아 같은 병인으로부터 다른 형태의 광우병이 발생할 것이고, 말살에 대한 보복 테러가 이전보다 훨씬 비참한 형태로 일어날 것이 틀림없다. 테러는 글로벌 문명이라는 심각한 병인에서 발생한다. 철저한 소탕전으로 테러를 근절한 세계는 점점 가축 세계에 근접할 것이다. 하지만 가축에게는 가축의 방법으로 테러가 가능하다는 것을, 광우병 발생이 암시한다. 압도적인 비대칭 세계의 내부에서 실효성을 동반한 정치적 사고가 계속되는 한, 이와 같은 사태는 언제까지나 반복될 것이다.

*

우리 세계는 점점 '황무지'(Waste Land)**의 양상을 보이고 있다. '황무지'란 이코노미(economy)***와 커뮤니케이션이 막힌 탓에 풍요로운 유동이 동결된 세계다(서구 근대에서 이 '황무지'의 이미지를 결정지은 것은 바그너의 신성전례극 〈파르지팔〉Parsifal

---

** 황무지(Waste Land) : T. S. 엘리엇(Thomas Stearns Eliot)의 시 제목 '황무지'를 가리킴.
*** 이코노미(economy)의 어원은 '집'을 뜻하는 '오이코스'(oikos)와 '규율'을 뜻하는 '노모스'(nomos)의 합성어인 '오이코노미아'(oikonomia)다. 즉 이코노미는 가정의 살림살이와 관련되는 활동과 더불어 정치, 정책, 사회적 관계 등 공적 영역의 경영과 질서를 포함하는 개념이라 할 수 있다. 여기서 이코노미는 경제·검약보다는 후자의 의미인 질서·관계·이법의 의미로 쓰였다.

인데, 이 극에서는 어리석은 파르지팔이 어부왕에게 적절한 질문을 하지 못해서 왕국이 황폐해지기 시작한다. 적절한 질문은 커뮤니케이션을 낳는다. 황폐함은 커뮤니케이션의 소외에서 시작되어 인간의 마음 세계로 확장된다).

이러한 세계의 황폐화에 맞서기 위해, 그리스도교가 취한 전략은 정말 특이한 것이었다. 1세기 팔레스타인에서 예수는 압도적 비대칭이 야기한 아포리아에 직면했다. 유대교의 절대적인 유일신과 인간 사이에는 압도적인, 아니 절대적인 비대칭의 심연이 펼쳐져 있었다. 그로 인해 신과 인간 사이에 이코노미가 발생할 수 없었던 상황이었다. 예수는 이것을 황폐함이라고 파악했다. 그는 절대적 비대칭의 심연을 마주하여, 스스로의 목숨을 희생함으로써 하나의 이코노미 회로를 열고자 했다. 인간은 신에게 죽음을 증여하고, 신은 그에 응하여 사랑의 유동을 보낸다. 그리스도교 탄생에 있어서 증여는 중요한 문제였다. [그리스도교는] 증여 행위가 세계를 황폐함으로부터 구한다는 사상[이기 때문]이다.

흥미롭게도 오늘날 테러 행위를 추동하는 것도 이와 꽤 유사한 증여론적 사고다. 테러리스트는 정치·경제 영역의 압도적 비대칭으로 인해 건전한 이코노미가 단절된 상황에 괴로워한다. 자기들은 일방적으로 빼앗기고, 저들은 일방적으로 빼앗아 번영을 이루고 있다. 이 비대칭을 깨뜨리기 위해 그들은 자신과 상대를 모두 죽음의 희생으로 끌어들인다. 그런데 그것은 어디로도 가닿지 못하는 죽음의 증여이기도 하다. 이는 건전한 이코노미의 회로를 열기 위한 것이기보다는, 압도적 힘에 의해 보호받는, 비대칭을 만들어 내는 모든 기구를 파괴하고 싶다는 욕망에 사로잡힌 것이다.

놀랍게도 예수의 십자가형이 상징하는 것과 테러 행위는 하나부터 열까지 거울에 비친 반전상이다. 그리스도교의 사고에서 이슬람 원리주의자의 사고로 옮겨 가면 모든 항과 가치는 역전된다(자신을 미워하는 자들에 의해 예수는 십자가에 매달려 인간으로서 죽는다. 그에 비해 테러리스트는 자신이 미워하는 자들을 죽이고 자신도 죽는다. 예수는 사랑의 유동이 발생하는 이코노미의 회로를 열고자 한다. 그에 비해 테러 행위는 사랑의 발생 가능성을 막는 데 결정적 역할을 하며 증오를 영속시킨다… 등등). 한쪽은 사랑의 유동을, 다른 한쪽은 황폐함을 적극적으로 만들어 낸다. 하지만 우리는 이렇게 모든 항과 가치가 역전된 두 행위가 전하고자 하는 메시지 면에서는 참으로 동일하다는 점에 놀라워한다. 그 메시지는 바로 압도적 비대칭의 파괴다.

십자가형과 테러는 압도적 비대칭 상황을 파괴하려 한다. 하지만 그 목적을 이룰 수는 없을 것이다. 십자가에 못 박혀 자기 몸을 희생하는 증여를 행하면, 분명 신과 인간 사이에 사랑의 이코노미가 발생할 것이다. 그러나 모든 종류의 희생 행위는 애초에 비대칭적 관계성을 기반으로 한다. 한번 유동하기 시작한 사랑이, 신이 아닌 인간이나 동물들, 그것도 이교도나 '빈곤한 세계'의 인간이나 동물들에게 흘러 들어가기 시작하면, 그것은 니체가 말한 '증여의 일격'이 되어 무거운 부채의 감정을 상대의 마음속에 만들어 낸다. 다시 말해 이러한 사랑은 돌연 위선으로 변모되기 쉽다.

마찬가지로 테러 행위도 상황을 본질적으로 바꿀 수는 없다. 자랑스러운 번영에 일시적인 타격을 입혀 일상생활에 불안과 동요를 불러일으키는 일은 성공할지 모르지만, 그 결과 쌍방에 드리워지는 것은 황폐함뿐이다. 세계를 뒤덮는 압도적 비대칭 상황은 오늘날의 세계에 끝없는 정신적 황폐함을 안겨 주는데, 그것을 파괴하려는 행위가 불러오는 것도 황폐함뿐이라면 테러리스트가 행하는 죽음의 증여는 천국에도 지상에도 아무것도 가져오지 않는 것이 아닌가. 비대칭을 파괴하려는 일신교적 전략은 어느 쪽으로도 꼼짝할 수 없는 딜레마에 빠지고 만다.

이런 때는 머리를 식히는 것이 중요하다. 사람들이 맹목적으로 움직이고 있는 상황에서, 그리고 세계를 황폐하게 하는 극단적 비대칭이 사람들을 뒤덮고 있는 이때, 대칭성 사회의 주민이라면 이에 대해 어떻게 사고하고 해결하려 할지를 생각해 보아야 한다. 다시금 동물 이야기다. 하지만 동물의 사고를 유치하다고 비웃으면 안 된다. 그것은 압도적 비대칭의 상황을 극복할 만한, 진귀한 지혜를 간직하고 있기 때문이다. 인간 세계에 나타난 모든 형태의 비대칭의 원형은 명백히 인간과 동물의 관계에 있다. 따라서 이를 탐구한다면 인간의 세계에서도 응용할 수 있는 어떤 지혜를 찾아낼 수 있을지도 모른다.

세계에 돌이킬 수 없는 비대칭이 일어날 때, 구체적으로 말해 인간과 동물 사이에 있어선 안 되는 몰이해의 틈이 발생할 때, 인간의 감각은 마비되어 동물들에게 무례를 범하거나 폭력을 휘두르게 된다. 동물을 죽이는 것을 즐기거나, 필요 이상으로 살해하고, 상대의 고통을 이해하지 못한 채 무신경하고 태연하게 사냥한다. 혹은 해체하고 남은 동물의 몸이나 먹고 난 후 남은 뼈나 잡육과 내장 등을 쓰레기장에 버리고, 동물의 생존 공간을 빼앗으면서도 전혀 마음 쓰지 않는다.

이러한 경우 동물들은 종종 아름다운 인간 여자의 모습으로 변해서 남자 앞에 나타난다. 두 사람은 결혼하고, 남자는 아내의 부모 집에 가서 살게 된다. 데릴사위가 된 남자는 자신이 알고 있는 것과 전혀 다른, 아내의 마을 풍습을 배운다. 그리고 그들의 세계를 이루고 있는 풍습의 미덕에 감동하는 동시에, 아내의 일족이 동물인 데다 평소 자신의 사냥감이었다는 사실을 알게 된다. 가끔 마을로 상처 입은 젊은이나 노인이 괴로워하며 돌아온다. 한쪽 눈이나 다리를 잃은 사람들도 있다. 이유를 물어보는 남편에게 아내가 대답한다. "당신 마을 사람들에게 상처 입은 동물들이에요. 최근에는 인간들이 동물을 죽여도 정중하게 영을 보내 주지 않게 되었어요. 동물에 대한 경의를 잃고, 고기나 모피를 난폭하게 다루고, 잡육은 버리고, 뼈는 들판에 버려 두지요." 남자는 매우 부끄러워한다. 이윽고 남자는 인간 마을로 돌아가게 된다(아내를 동반한 경우도 있고, 여기서 헤어지는 경우도 있다). 돌아온 남자는 동물 나라에서 겪은 자신의 체험을 마을 사람들에게 전한다. 인간들은 깊이 반성하고, 이후 동물에 대한 경의와 정중한 배려의 마음을 되찾는다. 그리하여 동물과의 관계는 이전처럼 좋아진다. 결혼으로 서로 다른 종족이 결합하여 압도적인 우위성으로 인해 무신경해진 인간의 마음에 중요한 변화를 가져온다는 이 사상은, 대칭성 사회의 인간들에게 널리 지지받아 왔던 것이다.

인간이 압도적으로 강력한 기술력을 손에 넣고, 동물 세계와의 대칭 관계가 돌이킬 수 없을 정도로 무너지고 만다면, 어떤 사태가 일어날까? 이에 대해 대칭성 사회의 인간들은 역시 신화를 통해 사고했다. 러시아의 사할린섬과 아무르강 하류 지역의 여러 민족에게 전해지는 신화다.

한 노인이 두 자식과 살고 있었다. 첫째는 힘이 센 사냥꾼이었고, 둘째는 물에 빠져 죽고 말았다. 어느 날 첫째가 바닷가에 나가 보니 모래톱 주변에서 범고래 여럿이 (인간의 모습을 하고) 놀고 있었다. 남자가 가까이 가 보니 그 가운데 동생이 있었다. 남자는 달려가 동생을 잡아 보려 했지만, 범고래들은 물속으로 도망치고 말았다. 동생은 돌아가면서 자신의 칼을 깜빡 잊는다. 남자는 그것을 들고 집으로 향했다.

그것은 무서운 힘을 가진 칼이었다(일본도일 가능성이 높다). 남자가 그 칼을 휘두르자 곰은 우습게 넘어졌다. 칼은 화살과는 비교도 할 수 없을 정도로 위력적이었다. 그 후 남자의 아버지는 숲에서 길을 헤매다 외딴집에 도착했다. 들어가 보니 사람들이 잔뜩 있었다. 한 사람은 새로운 상처에 붕대를 감고 있었다. 붕대를 맨 남자가 말했다. "이봐, 할아버지, 당신의 자식이 우리를 닥치는 대로 죽여서 우리 수가 줄었소. 나는 목숨만 겨우 건져 도망쳤지만 상처는 낫지 않고 있지. 당신 자식은 대체 얼마나 강한 거요? 당신 자식에게 '내일 낮, 바다로 와라. 나도 바다로 가겠다'라고 전해 주시오."

노인은 집으로 돌아가 첫째에게 이 사실을 전했다. 남자는 무서울 것은 아무것도 없다고 장담하며, 다음 날 아침 칼을 들고 바다로 갔다. 바닷가에는 죽은 고래가 올라와 있었다. 남자가 그 곁으로 가까이 다가가자 고래 사이에서 곰이 튀어나와 덤벼들었다. 남자가 칼을 휘두르자, 곰은 남자 손에서 칼을 떨어뜨리고 덮쳤다. 남자는 곰의 두 귀를 쥐어뜯으며 맞섰다.

격렬한 싸움 끝에 곰도 인간도 숨이 끊어졌다. 언덕 위에서는 노인과 아버지곰이 나란히 앉아 싸움을 보고 있었다. 자식들이 죽는 것을 마지막까지 지켜본 둘은 슬퍼하며 마을로, 산으로 돌아갔다.(오기하라 신코荻原眞子, 『북방 여러 민족의 세계관』北方諸民族の世界觀, 草風館, 1996)

이 신화에는 일본도(日本刀) 같은 새로운 기술력이 곰과 인간 사이의 대칭성을 파괴하는 시대가 나타나 있다. 활과 화살로 사냥을 할 때, 곰과 인간은 대개 호각으로 싸워 왔다. 그 상태가 압도적인 기술력을 손에 넣은 인간에 의해 파괴되고 만 것이다. 인간은 동물의 존엄 같은 것은 전혀 신경 쓰지 않고 생각도 하지 않게 되었다. 곰은 이러한 인간에게 정정당당하게 결투를 신청한다. 인간과 곰은 싸우고, 결국 둘 다 죽는다.

이런 신화의 내용은 오늘날 우리가 사는 세계에서 일어나고 있는 사태를 매우 잘 암시하고 있다. 손에 쥔 압도적인 힘을 믿고 '빈곤한 세계'의 주민들을 무신경하게 대한다면, 인간들은 결국 한 마리의 동물과도 만나지 못할 것이다. 타자에 대한 감수성과 이해의 상실이 비대칭 상황을 낳는다. 그리고 비대칭이 압도적이게 되면 세계에는 황폐함이 초래된다. 그러다 '부유한 세계'의 사람들과 '빈곤한 세계'의 주민들이 필사적으로 싸우게 되는데, 그렇게 되면 어느 쪽도 살아남을 수 없다.

설령 한쪽이 승리해도 세계에는 맑게 갠 유동이 돌아오지 않는다.

하지만 인간이 비대칭의 잘못을 깨닫고 인간과 동물 사이에 대칭성을 회복해 가는 노력을 한다면 세계는 다시금 교통과 유동을 회복할 것이다. 이렇게 말하는 지성은 과연 무력한 것일까? 지금부터 그것을 단련하면, 세계를 뒤덮은 압도적인 비대칭을 내부로부터 해체하는 지혜를 낳을 수 있을까? 어느 쪽이든 광우병과 테러가 우리에게 대칭성의 지성을 다시금 상기시키는 것만은 확실하다.

緑の資本論

녹색 자본론

―이슬람을 위하여

1. 일신교를 둘러싼 인식론 수업

일신교는 늘 자기증식에 대한 경계를 게을리하지 않는다. 역사상 유대교, 그리스도교, 이슬람은 자기증식 능력에 대한 불안한 시선, 시기와 의심, 그리고 적의를 일관되게 보였다. 특히 유대교와 이슬람은 말, 이미지, 화폐에서 자기증식 능력이 발휘되는 현상이 일어나기만 하면 신경을 곤두세우고 경계했다.

종교학 연구에 의하면, 유대 사회는 농경사회였음에도 유대교 형성 초기부터 일신교 신앙이 발달했고, 그로 인해 자기증식에 대한 경계심을 형성하고 있었다. 이집트로 이주한 요셉의 자손들은 나일강 하류 고센(Goshen) 지역에서 세를 늘렸고, 양과 같은 작은 가축을 기르면서 이집트인처럼 농사를 짓고 살았다. 유대인들은 선조로부터 전래된 '아브라함 종교'라는 기억을 간직하고 있었다. 하지만 실제로는 동식물의 증식을 관장하는 반인반수 모습인 신들에게 신심을 갖고 기도했을 것이다.

농경신의 첫번째 기능은 풍작을 관장하는 것이었고, 이는 이집트나 팔레스타인의 가나안 지방에 한정된 이야기가 아니었다. 홍수로 윤택해진 대지에 파종한 밀 종자가 수확 시기에는 수천 배로 증대되기를, 기르던 가축들이 차례차례 번식해 수를 늘려 가기를 바라는 농업의 목표는, 즉 자연의 생명력을 촉진하는 촉매적 노동을 대지에 가하여 양과 수를 증식시키는 것이다. 이 증식의 욕망과 결합한 신들은 당연하게도 풍요로운 증식을 실현하는 능력과 연관되었다.

바알(Baal)이나 마르두크(Marduk) 등으로 불리던 풍작의 신들은, 당시 중근동(中近東)의 대제국에서 기원(祈願)의 대상이 되었다. 농업을 기반으로 성립된 제국에서 그들은 거대한 존재로 성장할 수 있었다. 신들은 공통적으로 인간과 동식물의 합성체로 상상되었고, 그 모습은 크고 작은 상(像)으로 묘사되었으며, 그 상 주위에서 오감을 충분히 자극하는 호화로운 제의가 행해졌다. 풍요로운 분위기에 둘러싸인 이러한 풍작의 신들은 무엇보다 상상계(Imaginary)의 존재였다. 그들은 모체와의 일체감에 근거한 상상계의 존재답게 실로 육감적인 감촉을 갖추고 사람들의 상상계에서 사물을 증식시키는 힘을 발휘했다.

농경신들의 제1 특징은 한마디로 '마술성'이었다. 마술이란 현대의 마술사가 모자 안에서 비둘기를 줄줄이 꺼내 보여주는 것처럼, 무(無)에서 유(有)를 발생시키고 금속 같은 무생물에서 어린아이를 줄줄이 낳아 증식시켜 가는 기술이다. 일신교가 성립하기 전까지, 긴 마술의 역사가 있었다. 우리는 이미 후기 구석기시대의 동굴벽화를 통해 마술적 사고가 작동하고 있었다는 것을 알 수 있다. 거대한 자궁을 연상케 하는 동굴 벽면에 사슴·순록·말 같은 동물을 그린 사람들은, 현실세계에서도 사슴·순록·말이 새끼를 낳아서 이 세계가 동물로 가득 차면 좋겠다는 바람을 담아 원시적(primitive) 증식 의례를 행한 것으로 보인다. 앙드레 브르통(André Breton)*의 『마술적 예술』(L'Art magique, 1957)이 말한 대로, 인류 최초의 예술이 마술로 성립되었다면 그 예술은 무엇보다 상상계를 무대로 펼쳐지는 증식의 관념과 밀접하게 연관되어 발달했을 것이다. 이집트나 바빌로니아의 도시에서 노예로 살던 유대인들은 장려(壯麗)하고 거대한 풍작의 신들을 우러러보았는데, 그 신들은 마술이자 예술이며 또한(앞으로 상세히 논하겠지만) 자본인

---

* 1896~1966. 프랑스의 시인이자 작가, 비평가이며, 초현실주의(Surréalisme)의 창시자이자 이론가이다. 20세기 초 유럽 예술과 문학에 큰 영향을 미쳤으며, 무의식과 꿈, 자동기술(automatic writing) 등의 개념을 예술로 끌어올렸다고 평가받는다.

신들로, '아브라함의 신, 이삭의 신, 야곱의 신'을 완전히 압도하고 있었다.

현대의 인지론적 고고학을 원용하자면, 일신교 성립 전야(前夜)에 중근동(中近東)에서 일어났던 사건은 다음과 같이 이해할 수 있다. 우리와 같은 인류인 '호모 사피엔스 사피엔스'는 지구상에 삼만 하고도 수천 년 전인 후기 구석기시대에 생겨났다고 알려져 있다. 순록이나 매머드 무리를 따라 북방에 진출했던 그들은, 대빙하 더미들을 앞두고 생존을 위해 자신의 대뇌 뉴런 조직에 혁명적 변화를 일으켰다. 그들은 대뇌의 크기를 줄였다. 그리고 뉴런 조직에 상위 회로를 만들어 성능 좋은 범용 컴퓨터 같은 조직으로 그것을 개조하는 데 성공했다. (Steven Mithen, *Prehistory of the Mind***)

그 전의 인류인 네안데르탈인의 대뇌는 너무나 거대했다. 그 이유는 그들의 대뇌가 특화된 기능을 분담한 복수의 컴퓨터를 나란히 놓은 거대한 방으로 설계됐기 때문이라고 추측된다. 말의 기능을 다루는 컴퓨터, 친족이나 사회관계를 다루는 컴퓨터, 자연의 동식물을 분류하여 그것이 유용한지 위험한지를 식별하는 박물적 지식을 담당하는 컴퓨터 등이 대뇌의 큰

** 한국어판. 스티븐 미슨, 『마음의 역사: 인류의 마음은 어떻게 진화되었는가?』, 윤소영 옮김, 영림카디널, 2001.

방에서 나란히 작동하고 있었다. 하지만 그 복수의 컴퓨터들은 상호 간에 접속회로가 아직 충분히 발달하지 않아서 언어 분야·사회 분야·박물 분야 등등 사이에서 연상·비유·대응을 이용한 횡단적 사고를 할 수 없었다.

그런데 현생인류의 대뇌에 일어난 혁명적 변화로 인해, 다른 기능 영역 사이를 연결하는 뉴런 조직과, 그것을 자유자재로 움직이는 유동적 지성이 나타났다. 이로 인해 인류의 사고 구조에는 근본적 변화가 일어났다. 우선 서로 다른 영역이 이어진 덕분에 이질적인 영역이나 다른 것들 사이에 동일성을 발견하는 능력이 발달하게 되었다. 이에 따라 지금 우리가 쓰는, 은유와 환유의 조합이 가능한 언어가 성립되었다(오늘날 알려진 모든 언어는 이와 같은 '유'喩의 조직체다). 게다가 합리적 사고의 바탕이 되는 동정(同定)_{생물의 분류학상 소속이나 명칭을 바르게 정하는 일} 능력, 다른 것들 사이에 어떤 '등가성'을 발견해 교환을 가능하게 하는 사고도 이 변화를 통해 발달했다고 추측된다.

이때 현생인류 대뇌에 출현한 유동적 지성으로부터 합리적 사고와 마술적 사고가 동시에 발생했다. 이질적 영역을 연결하는 유동성을 획득한 지성은, 은유 기능과 환유 기능을 조합한 언어 구조를 만들고 그것을 이용하여 자기 주변에 있는 세계를 정확하게 동정할 수 있게 된다. 여기서는 동일성을 발견하는 지성의 작용으로 인해 세계가 합리적으로 조직되는 모습을 떠올릴 수 있다. 하지만 그것은 동시에 마술적 사고까지 발생시켰다. 유동적 지성은 사고에 동일성을 만들어 내는 동시에 그 동일성으로부터 흘러넘치는 과잉 부분을 유발하기 때문이다.

고성능 범용 컴퓨터 기능을 획득한 인류의 대뇌는, 주변 세계를 정확히 관찰하고 분류하고 그것을 복잡하게 조합해서 자기 세계를 합리적으로 만들어 가는 능력을 갖추게 되었다(그러나 현생인류는 기술에 관한 독자성을 주장할 수는 없다. 왜냐하면 영역별로 특화된 구식 컴퓨터 같은 대뇌를 가진 네안데르탈인이 석기 제작의 영역에서는 훨씬 뛰어난 성적을 거두기 때문이다. 문제는 기술 자체가 아니라 그것을 다른 영역의 지식과 유동적으로 결부하는 유적喻的 지성의 능력에 관계되는데, 이에 대해서는 현대에도 똑같이 통용된다). 그와 동시에 대뇌의 구조는, 현실세계의 합리적 틀을 초월하여 유동적으로 움직이는 힘에 대한 인식을 발생시켰다. 유동하는 것, 자신의 능력으로 동일성의 틀을 넘어서 증식을 이루어 가는 것, 스스로 생성변화를 일으키는 것, 이것은 문자 그대로 '것'(物)*이라고 표현하는 수밖에 없는 힘

---

* 저자는 일본어 '모노'(モノ, 物)를 '하우', '오렌다'에 해당하는 개념으로 쓰고 있다. 하우, 오렌다는 사물에 깃든 일종의 영적인 힘을 가리킨다. 마오리족 문화를 조사한 마르셀 모스는 『증여론』에서 선물을 받을 때, 그것을 되돌려줘야 하는 의무를 지며 관계를 맺게 하는

이다. 그 '것'에는 하우(hau), 오렌다(orenda), 영(靈) 등의 이름이 붙고, 마치 실재하는 힘인 것처럼 취급되며, 게다가 그것을 취급하는 특별한 능력을 가진 사람들까지 등장시켰다.

유동적 지성의 이러한 이중성을 대규모로 조직화한 것이 신석기혁명이다. 지금으로부터 약 일만 년 전 시작된 이 운동 안에서 농업과 동물의 가축화가 실현되었고 이를 토대로 '국가'가 탄생했다. 게다가 이 국가는 태어나고 얼마 지나지 않아 온갖 곳에서 터무니없는 권력을 가진 '대제국'으로 성장했다. 이러한 국가는 모두 마술적 사고를 대규모로 이용한다. 국가가 생겨나기 전까지 자연에 풍요를 가져오는 것은 '숲의 왕'이나 '동물 왕'(북방 지대에서는 주로 곰, 늑대, 황금의 순록 형상으로 드러났다)이 일으키는 마술적 재주였다. 그런데 국가가 본디 자연 안에 숨겨져 있는, 풍요를 부르는 이 능력을 '인간 왕'의 권력으로 삼아 사회 내부로 끌어들였고, 그로 인해 기묘한 일이 일어나게 되었다.

'인간 왕'이 자연을 풍요롭게 하는 힘(이것은 왕이 가진 권력의 원천으로 간주되었다)을 가지려면, 왕이 된 존재는 이제부터 스스로 '동물 왕'과 동격인 존재가 되어야만 한다. 혹은 그

교환 원리의 근원에 '하우'가 있다고 파악했다. '모노'는 '것'(物)을 뜻하는 일본어이다. 사물과 사건 총체를 나타내며, 여기서는 사물이 갖고 있는 본연의 에너지를 의미한다. 여기서는 '것'으로 번역한다.

렇지 않더라도 앞에서 말한 동물이나 식물의 신과 밀접한 관계인 존재여야 한다. 이로써 동물과 인간이 합체한 합성적인 (hybrid) 모습의 이집트 신들, 동물 등에 올라타 위풍당당하게 행진하는 바빌로니아의 거대신 같은 것들이 출현한다.

이상이 일신교 성립 전야까지 중근동 사람들의 정신 내부에서 일어난 사건의 줄거리다. 후기 구석기시대, 현생인류의 대뇌 뉴런 조직에 일어난 혁명적 변화에서부터 신석기혁명을 거쳐 거대국가가 출현하기까지, 약 이만 년 동안 진행된 사건은 하나로 연결되어 있는 것이다. 각각의 기능에 특화되었던 모든 영역을 횡단적으로 접속하는 새로운 뉴런 네트워크가 형성되면서, 우리 현생인류가 태어났다. 그 결과 그전까지는 특화된 기능을 담당하는 방에 꼼짝없이 갇혀 있던 지성이 격벽을 넘어 유동하기 시작했고, 여기서 '유동적 지성'의 작용이 드러나게 되었다. 일신교 성립 이전에는 유동적 지성의 '유동성'에 지극히 큰 의미가 부여되고 있었다. 이 유동성이 활발하게 작동한 덕분에 언어가 지금과 같은 구조로 진화할 수 있었고, 고정된 의미 영역의 격벽을 넘어가는 유동적 지성의 강도(強度)에 주목하면서 상징 사고나 그것의 표현인 다신교의 신들이 태어났기 때문이다.

횡단성을 갖춘 유동적 지성은 일상생활에서 큰 역할을 하는, 영역별로 특화된 지성보다도 훨씬 강도가 높다. 때문에 그

횡단적 운동을 이미지화한 동물이나 식물의 영역으로 변형(metamorphosis)된 신들은, 인간의 힘을 훨씬 능가하는 '초월성'을 갖추게 된다. 대제국의 왕들은 이러한 신들을 숭배하고 그것과 일체가 되어 국가 권력에 갖추어진 '초월성'을 과시하려 했다. 일신교를 낳은 백성들은 이러한 상상계에서 작용하는 '초월성'을 근본부터 부정하려는 시도를 한 것이다.

『율법서』(토라)* 전승에 따르면, 환하고 조용히 불타오르는 떨기나무의 모습으로 모세 앞에 출현한 신은 "나는 스스로 있는 자이니라"(히브리어로 에예허 아셀 에예허אהיה אשר אהיה)「출애굽기」3:14라고 말했다. 또 자신의 이름은 '야훼'라고 했다. 생성하고 변화하며 증식을 일으키고 변형하는 신이 아니라, 다만 '있다'라고만 말하는 신, 모든 이미지를 거절하고 다만 이름만을 가지고 있는 새로운 신의 출현. 여기서 인류의 '제1차 형이상학 혁명'(미셸 우엘벡, 『소립자』**)이 시작된다. 이때 일어난 사건을 인지론적으로 표현하자면 이러하다. 지금까지 인류는 자신들의 대뇌 안에서 일어나는 유동적 지성의 작용 안에 변형을 일으키는 횡단적 강도(이 강도의 본질을 '다'多라고 표현할 수 있을 것이다)를 발견해 왔다. 하지만 이제 인류는 그 유동적 지

---

* 『구약성서』의 「창세기」 「출애굽기」 「레위기」 「민수기」 「신명기」를 일컬으며 흔히 '모세오경'이라고 한다.
** 한국어판. 미셸 우엘벡, 『소립자』, 이세욱 옮김, 열린책들, 2009.

성 속에서 무엇으로도 한정될 수 없고 어디로도 영역화할 수 없으며 어떤 성질로도 환원할 수 없는, 매우 정밀하며 가공할 만한 위력이 넘쳐나는 실무한(實無限)*** 을 발견했고, 그것을 '일'(一)로 표현하기 시작한 것이다.

후기 구석기시대에 실현된 대뇌 뉴런 조직의 혁명적 변화의 성과는 사실 '변화 없음'이다. 즉 인류는 일신교가 생겨난 이래 생물학적으로 조금도 진화하지 않았다. 모든 것이 이전과 같다. 하지만 거기서 초점이 미세하게 이동하면서 '영적'(靈的) 비약이 실현되었다. 스스로의 존재를 특징짓는 유동적 지성의 작용 내부 혹은 더 깊숙한 곳에서 인간은 변하지 않는, 생성하지 않는, 늘어나지 않는, 줄어들지 않는, 조건 지어지지 않는, 한계 지어지지 않는 것을 발견한다. 인간은 그것에서 횡단성이나 변용성 혹은 증식성보다는 계속된 근원적 '초월' 상태를 발견해 '일'(一)이라고 이른다. 이렇게 인간은 유동적 지성 내부로 한층 더 깊이 들어가게 된다. 인지론적 차원에서 일어난 이와 같은 비약을 종교적·신학적으로 표현한다면, 바로 '일신교'의 성립이라 할 수 있다. 인간은 유동적 지성인 자신의

*** 자연수열 1, 2, 3, …, n, …과 같이 한없이 계속되어 끝이 없는 '생성하는 무한'을 가능적인 가무한(假無限)이라 하고, 이에 대하여 이 무한 과정 전체를 무한의 원소로 이루어진 하나의 완결된 집합으로 파악할 때, 현실적인 '존재하는 무한'으로서 실무한(實無限)이라고 한다.

본질을 보다 깊이 자각하게 되었기에 거기서 '영적' 비약을 이루었다고 말할 수 있다.

*

그렇다면 역사적인 일신교의 출현으로 인해 실제로 무엇이 변했을까? 가장 큰 변화는 마술적 사고에 대항하는 강력한 적대자가 나타난 것이다. 상상계를 채우고 있는 이미지의 풍요로움을, 조금의 가치도 없다고 생각하는 인간들이 나타났다. 그들은 상상계의 풍요로운 힘과 일체가 되어 증식 혹은 변형해가는 매력을 매정하게 부정한다. 여기서 새로운 유형의 사고가 나타났다. 그 사고란, 유동적 지성을 본질로 하는 생물인 인류가, 상징계라는 유일신의 내적 구조와 인간의 현실이 완전히 일체가 되는 상태를 목표로 삼아 스스로 성장해야 한다는 것이었다. 일신교 출현 이후 세계에 어떤 일이 일어나야 하는지를 남김없이 그려 낸 것이 『율법서』(토라) 1장 「출애굽기」의 다음과 같은 글이다.

 모세 일행은 마술과 상형문자의 대제국 이집트에서 몇 세대에 걸쳐 노예로 살던 유대민족을 탈출시키는 데 성공한다. 사막을 횡단하는 혹독한 여행 도중 시나이산 기슭에 숙영 천막을 설치했다. 신이 모세에게 시나이산으로 홀로 올라오라고 명했기 때문이다. 제임스 조이스(James Joyce)의 표현에 따르면 신은 그때 "무법자의 언어로 기록된" 율법이 새겨진 석판을 모세에게 주었다(이때 신이 모세에게 준 율법을, 조이스는 "무법자의 언어"로 쓴 것이라고 했는데, 이는 오늘날 성서학에 비추어 봐도 올바른 견해다. 유대민족을 표현하는 '히브리'나 '헤브라이'의 어원은 도망친 노예나 무뢰한을 뜻하는 '하베르'에서 유래하기 때문이다. 이스라엘 백성은 국가에서 도망친 하베르로 구성된, 자연이 아닌 율법을 따르는 새로운 공동체다). 거기에는 다음과 같은 명령으로 시작되는 열 개의 율법이 새겨져 있다.

> 너희 하느님은 나 야훼다. 바로 내가 너희를 이집트 땅 종살이하던 집에서 이끌어 낸 하느님이다. 너희는 내 앞에서 다른 신을 모시지 못한다. 너희는 위로 하늘에 있는 것이나 아래로 땅 위에 있는 것이나, 땅 아래 물속에 있는 어떤 것이든지 그 모양을 본떠 새긴 우상을 섬기지 못한다. 그 앞에 절하며 섬기지 못한다. 나 야훼, 너희의 하느님은 질투하는 신이다. 나를 싫어하는 자에게는 아비의 죄를 그 후손 삼 대에까지 갚는다. 그러나 나를 사랑하여 나의 명령을 지키는 사람에게는 그 후손 수천 대에 이르기까지 한결같은 사랑을 베푼다. 너희는 너희 하느님의 이름 야훼를 함부로 부르지 못한다. 야훼는 자기의 이름을 함부로 부르는 자를 죄 없다고 하지 않는다.(「출

애굽기」20:2~7)

여기서 야훼라는 이름의 초월적 지성은, 이제부터 인간(이라고 해도 이 시점에서는 그가 선택한 소수의 하베르뿐이지만)이 자신의 본질을 이루는 유동적 지성의 특징, 그중에서도 상상계 작용에 직결되는 이미지나 그 변형의 강도와 매력을 사랑하면 안 된다고 명령한다. 그리고 그 매력적인 강도를 신의 '상'(像)으로 표상한 것에 경배해서는 안 되며, 그것을 사랑하고 섬겨서도 안 된다. 더구나 '신'이라는 말이, 유동적 지성 안에서 빛나는 '일'(一)인 '나'임을 안다면, 그 외 비슷하게 '신'이라고 부를 수 있는 것은 존재하지 않을 것이다. 저 다신교의 신들, 유동적 지성의 마술력으로 형상을 부여받은 매력 넘치는 신들을 '나'와 같은 '신'으로서 사랑한다면 '나'는 너를 대대손손 '질투'할 것이다. 상징계는 상상계의 풍요로움을 질투한다. 로고스인 아버지가 자연인 어머니를 질투하는 것처럼, '나'는 변용하는 것, 생성변화하는 것, 자기증식하는 것을 질투한다. 그러한 것에 대한 사랑은 유동적 지성에서 영성을 빼앗기 때문이다. 자연적 사랑은 진실한 사랑이 아니기 때문이다. 영상이나 소리의 매력에 빠져서는 안 된다. 그러니까 "너희는 나를 은으로 만든 신들처럼 만들어서는 안 되며, 스스로를 위해 금으로 만든 신들을 만들어서는 안 된다."(「출애굽기」

20:18~26) 이미지가 절대적으로 빈곤한 사막에서 '나'를 발견하고 오직 '나'만을 사랑하도록 하라.

이윽고 모세는 율법이 새겨진 석판을 안고 시나이산을 내려오다가 산기슭의 숙영지에서 펼쳐지는 역겨운 광경을 본다. 차분하게 모세의 귀환을 기다리고 있어야 할 유대인들이, 황금으로 만든 송아지 상을 둘러싸고 먹고 마시며 노래하고 윤무를 추며 송아지 신을 위한 제의를 지내고 있었던 것이다. 가만 보니 자신의 대리로 남겨 두었던 형제 아론까지 그 군중에 가세한 것이 아닌가. 분노로 떨던 모세는 율법을 쓴 석판을 던져 깨 버리고 즉각 송아지 상을 불에 태워 잘게 쪼개 물에 흩뿌렸으며, 이 광경을 벌벌 떨면서 지켜보던 유대인들에게 금분말이 섞인 물을 억지로 삼키게 했다.

모세는 아론을 추궁했다. 아론은 당신이 돌아오는 것이 늦어져 불안해진 백성들이 마음을 의지할 만한 신상(神像)을 만들어 달라 청했으며, 그때 금귀고리 등을 공출해서 금송아지 상을 만들었다고 대답했다. 아론이 말했다. "우리의 영도자여, 노여워 마시오. 이 백성이 얼마나 악에 젖어 있는지 아시지 않소? 그들이 저에게 '앞장서서 우리를 이끄실 신을 만들어 주십시오. 우리를 이집트에서 데리고 온 저 모세는 어떻게 되었는지 모르겠습니다'라고 하기에, 제가 그들에게 '금붙이를 가진 사람은 그것을 빼서 내시오'라고 하였더니, 그들이 금붙이를 내게 주었소. 그래서 그것을 불에 던졌더니 이 송아지가 나 온 것이오."(「출애굽기」 32:22~24) 이 말을 다 듣고 나자 모세는 그때까지 자신을 따라왔던 백성들을 야훼를 따르는 자와 그렇 지 않은 자로 나누고, 야훼를 따르지 않겠다고 하는 사람 삼천 여 명을 학살했다.

이 유명한 에피소드는 일신교의 본질에 대한 실로 많은 문제를 보여 준다. 다만 우리는 그중 영상론(映像論)적 문제와 화폐론적 문제 두 가지에 주목하겠다.

모세의 분노는 동포들, 그중에서도 유동적 지성 안의 '불 타오르는 떨기나무'와 같이 빛나며 '있다'(존재한다)라고 표현 할 수밖에 없는 그 '일'(一)을 불신하고, 동일한 유동적 지성 표 면의 눈부시게 빛나는 반짝임과 장엄함 혹은 매혹만을 믿겠 다고 하는 한심한 자들을 향해 있다. 그들은 생성변화하고 자 기증식할 정도로 강도 높은 물질성의 매혹에 끌려, 그것을 상 (像)이나 영상으로 만들어 응시하고 사랑하고 동경하고 숭상 해야만 불안을 해소할 수 있다. 모세는 이러한 이미지로서의 신을 부정한다. 또한 이미지가 갖는 유혹의 힘도 부정하며, 상 상계의 매혹에 부과된 모든 기억, 모든 상(像), 모든 소리와 노 래까지도 의혹의 눈길로 바라본다.

일신교는 인류를 인류답게 있게 하는 유동적 지성 내부에 서 변화도 생성도 없는 순수 강도인 '일'(一)을 발견하여 세계와 자신의 인식에 새로운 단계를 그려 냈지만, 그 모든 '하베르적' 기획을 실현하기 위해서는 화려하고도 명랑한 마술적 사고를 쫓아낼 필요가 있었다. 여기서 당연하게도 탈레반의 바미얀(Bāmiyān) 석불 파괴, 사람들에게서 오락영화의 즐거움을 빼앗는 완고한 정책이 떠오른다. 그들이 행했던 '우행'(愚行)을 인류의 이름으로 비난하기란 쉽다. 그러나 비웃음을 살 '우행'과 매도받을 행위는, 인류에게 일어난 인식론상의 대(大)비약과 밀접하게 연관된 하나의 사상, 마술적 사고에 탐닉하는 것에 반대하는 하나의 뚜렷한 사상에 근거하지만 이에 대해 대부분의 사람은 모른 척한다. 우리의 과학은 일찍이 마술적 사고를 생활의 여러 영역에서 성공적으로 소멸시킨 예가 없다. 심지어 마술적 사고는 자본주의화된 우리 경제생활 기저에서 전에 없었던 강도로 활발한 활동을 이어 가고 있다. 이 점에 있어서 일신교의 전망은 실현되지 않았다.

이 에피소드에는 흥미로운 점이 하나 더 있다. 바로 금송아지의 화폐론적 본질에 모세가 예민하게 반응한다는 것이다 (보다 정확하게 말하자면 모세의 전승을 빌려 자신의 일신교적 사상을 표현하려는 성서 작가들이 이 문제를 날카롭게 헤아렸다). 지나치게 가혹한 환경 속에서 자신들의 운명을 이끌어 준 모세는 모습을 감춘 지 오래다. 백성들은 불안에 사로잡혔다. 그러자 백성들은 일단 귀중품을 공출해서 유동체로 녹였고, 그 용해

액 안에서 송아지 상이 출현하자 다시 기쁜 마음을 되찾았다.

여기에서 의식적으로 그려진 것은 예측 불가능하고 불확정적인 미래를 앞둔 백성들이다. 그들은 소지한 부(富)를 유동체로 녹여 송아지 상으로 증식한 가치를 보면서 그런대로 불안을 해소하려 한다. 귀고리에서 금속 유동체로, 나아가 거기서 출현하는 가치의 이윤인 송아지 상으로. 모세는 사람들의 종교 행위 안에 잠겨 있는 '화폐론'적 냄새에 민감하게 반응하고, 그것을 거절한다. 여기서『고용, 이자 및 화폐의 일반이론』*에서 케인스(John Maynard Keynes)가 한 말이 떠오른다. 케인스에 따르면, 미래를 확실히 보증하는 '모세적 존재'가 없어졌을 때 사람들은 다양한 가치물을 유동체로 만들어 모아 두려 한다. 그 유동체 안에서 이자(증식분)를 갖춘, 보다 큰 가치의 출현을 기대할 수 있을 때 그들의 불안은 해소된다.

가치를 보존하고 모아 두는 수단으로서 화폐를 소유하려는 인간의 욕망은 반은 합리적이고 반은 불합리한 본능에 기초하고 있는데, 이 욕망은 우리가 불확정적인 미래에 대해 느끼는 불안과 불신의 정도를 보여 주는 바로미터다. 불확정적인 미래에 대한 불안은 가치를 화폐와 같은 유동체로 모아 두

---

* 한국어판. 존 메이너드 케인스,『고용, 이자 및 화폐의 일반이론』 조순 옮김, 비봉출판사, 2007.

면서 크게 안정된다. 금전을 빌려줄 때 이 유동체는 일단 빌려주는 사람으로부터 떨어져야 하기 때문에, 당연히 그때부터 발생하는 불안에 대한 수당이 필요하게 된다. 케인스는 이 수당의 척도를 표시한 것이 이자율이라고 말한다. 이러한 사상에서도 모세가 체험한 것의 잔향(殘響)을 들을 수 있다.

모세가 황금송아지 제의에 대해 보인 격렬한 분노는, 일신교의 성립이 다만 인류의 종교 사상에서 중요한 비약을 의미한다는 것뿐만 아니라 마술적 사고와 일체가 된 눈부시게 발달한 인류 '경제'의 미래에 대한 불안에 찬 예언을 담고 있다는 것을 보여 주는 듯하다. 일신교가 마술적 영상에 대해 보이는 불신의 배후에는 어쩐지 하나의 '경제학 비판'이 숨어 있는 것 같다. 우상의 신들은 상상계에서 자라나 마술적 사고를 발판 삼아 조만간 증식하는 화폐를 둘러싼 자본주의적 사고를 성장시켜 갈 것이다. 경제학 비판으로서의 일신교. 그 일신교의 첫 전투는 인류의 미래까지 영향을 미칠 것이 틀림없는 이러한 근원적 '악'(惡)과의 싸움이었다. 그러나 지금은 이슬람의 원점 회귀를 지향하는 사람들만이 그것을 의식하고 있다.

2. 이자(이윤)를 부정하는 이슬람

일신교의 '기호' 원리는 다음과 같다. "나는 있다. 나는 스스로 있는 자이니라."(『율법서』, 「출애굽기」 3:14) 스스로를 '나'라고 말하는 신은 존재와 일체이며, 존재 그 자체다. 여기서 '있다'라는 것은 보통 우리가 현실이라고 부르는 것을 구성하며 존재하는 모든 것을 포함한다. 그러므로 일신교 원리에서 상징계(신의 로고스)와 현실계는 일체여야 한다. 다소 종교적으로 표현해 보자. 신은 세계를 창조했고, 바람의 살랑거림, 동물의 한숨, 빛의 떨림, 피어오르는 수증기, 소리, 시선, 언어 등 이 세계에 있는 모든 것은 신의 로고스의 직접적인 표현이다. 그리고 현실계는 구석구석까지 신의 로고스인 상징계로 가득 차서 상징계의 활동을 수행한다. 이 신의 로고스 활동과 비슷한 것이 다양한 종류의 '기호'가 사용되는 인간의 언어·상징활동이다.

이러한 원리적 사고를 따라가면, 본래 '기호'가 존재하는 방식은 상징계와 현실계를 가능한 한 직접적으로 결합하는 것이어야 한다. 언제나 '기호'는 한편으로는 신의 로고스의 임재(臨在)에 닿는 것이며(나무 사이사이를 바람이 건너가는 순간에서 신의 로고스의 섬세한 직접 표현을 감지하는 것 같은 정신상태라고 말하면 좋을까), 또 다른 한편으로는 그 신의 로고스가 직접 표현된 것이다. 다시 말해 기호는 현실의 존재에, 즉 부풀려지거나 줄어들지 않고 참되며 정직한 존재에 단단히 결부되어야 한다. 상징계와 현실계를 직접적으로 잇는 이음새와도 같은 '기호'는, 현실에서 유리되어 제멋대로 자기증식하거나 혹은 현실의 아름다움을 질투해 일부러 자기위축하는 일은 용서받을 수 없다. 그리고 '기호'는, 쾌락원칙(pleasure principle)*에 지배되기 쉬운 상상계가 개입하여 상징계 로고스의 작동을 왜곡하거나 저해하는 것 또한 허용되지 않는다. 인간은 일상생활에서 다양한 종류의 '기호'를 사용하면서, 거짓말(이음새의 형상을 제멋대로 개량해 현실을 왜곡하기), 다른 사람의 신경을 일부러 건드리기(상상계의 과잉적인 활동을 유인하기), 타인이나 다른 사회를 매도하기(모든 '타자'가 신의 로고스의 표현이라는 것을 노여움 때문에 일시적으로 망각하기) 등을 스스로 금지해야 한다. 적어도 자신은 신중해야 한다. 즉 인간은 생활의 모든 장면에 신의 로고스가 관통하는 윤리를 만들어야 한다.

이렇게 생각하는 일신교는 대개 상상계의 작용을 경계한다. 상징계 법칙의 손아귀에서 빠져나가 자유롭게 활동하는, 상상계에 놓인 신의 로고스 표현자(그것을 구조주의에 경의를 표해 '시니피앙'이라고 하자. 덧붙여 레비-스트로스의 '구조' 개념은 스피노자에 의해 근본적으로 변형된 일신교의 '있음'의 사고로부터 큰 영향을 받았고, 라캉의 그것은 가톨릭화된 일신교 그 자체다)는 서로

---

* 프로이트(Sigmund Freud)가 제시한 쾌-불쾌의 양적, 경제적 원리. 유기체가 외부의 자극으로부터 생기는 긴장을 불쾌의 감정으로 받아들이고, 이 긴장을 완화시켜 내적 안정을 찾는 과정에서 쾌락을 느끼게 되는 정신 과정.

자유롭게 결합하고, 제멋대로 출산하고(이때 시니피앙의 자기증식이 일어난다), 태어난 아이를 곁에 두고 손을 놓지 못하는(아버지인 상징계의 로고스 손에 넘어가서 할례가 시행되는 것을 싫어해 상상계에 아이를 잡아 두는) 꺼림칙한 성향을 갖고 있기 때문이다.

이런 상상계의 작동이 현실계와 연결되어 비대화되면 농경사회의 우상숭배가 발생한다. 우상숭배자는 아이를 진정한 어른으로 만들 수 없다. 어른이란 엄격한 윤리적 결의를 가지고 상징계와 현실계가 직접적으로 일체가 되는 상태를 견뎌 내는, 신의 로고스를 살아 낼 수 있는 인간을 말한다. 어른은 쾌락원칙을 부정할 수 있는 의지를 갖춰야 한다. 그러나 우상숭배 사회의 인간은 쾌락원칙을 따르는 마음(心地)에서 자주 만들어 내는 상상계의 시니피앙을 자신들의 신이나 가치로 숭상하면서, 혼에 새겨진 할례의 아픔에서 도망친다.

우상숭배 사회는 자유로운 것, 잔뜩 증식하는 것에 큰 가치를 두어 왔다. 때문에 그 사회는 상징계(신의 로고스이자 아버지의 로고스)의 권능을 빼앗고, 쾌락원칙적 상상계 작용을 근본으로 하는 사회를 구성하고자 한다. 금송아지 상은 일신교 백성의 아이들의 혼조차 쉽게 물들일 수 있다. 현대를 특징짓는 자본주의와 정신분열증(조현병), 즉 상징계 권능 박탈에서 발생하는 이 사태는 분명 일신교 백성 사이에서 발생했고 눈 깜짝할 사이에 지구 규모로 확대되어 갔다. 단지 이슬람만이 이 사태를 질병으로 진단하는데, 그들은 '일신교적 사고를 하는 우리가 상징계와 현실계가 직접적으로 일치되는 원리를 지켜야 하지 않을까?'라고, 또 하나의 일신교 백성에게 호소하는 것이다.

*

이러한 일신교적 기호론에서 독특한 화폐론·이자론·자본론이 탄생한다. 일신교적 기호론의 사고가 가장 순수한 형태로 실천되는 이슬람을 예로 들어 설명해 보겠다. 우선 화폐는 일신교적으로 이해되는 '기호'여야 한다. 즉 그것은 상징계와 현실계를 직접적으로 잇는 이음새여야 하기에, 항상 현물과의 대응관계를 잃지 않도록 주의해야 한다. 단적으로 말해, 화폐는 사물의 대용이 아니면 안 된다. 이것이 실제 이슬람의 '원리적' 사고다.

    이슬람 스스로도 이 직접성을 유지하기 어렵다는 것을 잘 알고 있다. 화폐가 사물의 대용이며, 로고스가 '교환'이라는 상징계 행위를 성립시키고 직접적으로 현실 사물과 결부되어 있는 한, 판매자와 구매자 간의 결정적 구별은 발생하지 않는다. 이상적인 일신교 경제에서는 팔지 않으면 사지 않고, 구매자가 동시에 판매자다. 그러므로 그 사이에서 움직이는 화폐가 자율적인 시니피앙으로서 활동하는 사태는 발생하지 않는다.

 그러나 실제로 화폐는 사물에 대해 시니피앙, 즉 표현자 지위를 획득한다. 이때 파는 사람과 사는 사람 사이에 결정적인 분리가 일어난다. 판매자는 사물의 소유자다. 이에 대해 화폐를 지불하는 사람은 구매자가 된다. 화폐가 교환과정에서 시니피앙으로서 기능하는 최초의 순간, '지연' 현상이 일어난다. 매각 이후 구매가 지연되면서, 판매자는 자신의 이익을 위해 이 지연을 이용한다. 자신의 필요 때문에 다른 사물을 얻는 것이 아니라 '사물의 일반적 대용물'(즉 유동적인 자유 시니피앙)인 화폐를 보다 많이 획득하기 위해서. 이때 화폐는 자기 내부에 숨어 있던 가공할 만한 능력을 발휘한다. 화폐는 어떤 장애도 없이 매우 간단하게 변신한다. 신의 말을 '직접' 새겨 넣은 율법의 석판을 안고 산을 내려온 모세를 놀라게 하며 분노에 휩싸이게 만든 황금송아지 상으로 말이다.

 화폐가 상징계와 현실계를 직접 연결하는 이음새 역할에서 이탈하여 황금송아지 상으로 변신을 달성한 이후 어떤 사태가 일어났을까? 그 사태를, 이슬람권 최고 지성 중 한 명인 무함마드 바키르 알사드르(Muḥammad Bāqir al-Ṣadr)는 『이슬람 경제론』에서 제법 마르크스를 닮은 어조로 그려 낸다.

 이후 보이는 광경은 경제적 강자만이 화폐를 제공할 기회를 얻고, 축재(蓄財)를 위한 판매에 진력하며, 사회 내부에 유통되는 화폐를 자신의 창고에 모아 저축하려고 생산과 판매를 계속하는 것이다. 그들은 서서히 유통되는 화폐를 흡수하고 생산과 소비의 매개라는 교환의 역할을 마비시킨다. 그리고 많은 대중을 비참과 빈곤의 수렁으로 밀어 넣는 것이다. 그 결과, 생산활동이 마비되고 사람들의 경제적 수준 저하와 구매력 결여로 이어져 소비가 정체된다. 소비자의 구매능력 결여 및 저하는 생산에서 이윤을 빼앗고, 경제생활 전 부문에서 정체를 일으킨다. (무함마드 바키르 알사드르, 『이슬람 경제론』)

그러나 저 신처럼 준엄한 모세조차도 백성이 금송아지 상을 만들어 지내는 풍요제를 막을 수 없지 않았던가. 당시 모세가 할 수 있었던 일은 일신교의 원리적 사고를 좇겠다고 윤리적 결의를 한 자들만 남기고 나머지 백성은 학살해 버리는 것이었는데, 유대교도 이슬람도 그 해결법을 좋게 보지는 않는다. 이슬람도 화폐로 인한 문제 앞에서 큰 곤란함을 느낀다. 더구나 예언자 무함마드(마호메트)는 상인 출신이었기에(게다가 더없이 유능한 상인이었다고 전해진다), 화폐의 마력을 알고 있었다. 무함마드가 창출한 이슬람 운동은 화폐의 마력에 대항하는, 상상계에 대한 상징계의 절대적 우위를 지키기 위한 일종의 '분자혁명*'이었다. 화폐가 자율적인 시니피앙 자격으로 자기증식 활동을 시작하는 미시적(micro) 현장에 개입하여 증식으로 질주하는 움직임을 싹에서부터 잘라 버리는 방법, 즉 '이자 금지'다.

원리적으로 이슬람은 이자를 일체의 타협 없이 엄금한다. 이 규정은 『쿠란』에 있는 다음과 같은 말에서 유래된다.

> 이자 받아 먹는 자들은 사탄의 일격을 받고 넘어진 자처럼 일어날 수밖에 없다. 이 자들은 '장사도 이자를 취하는 것과 같다'라고 말한다. 알라께서는 장사를 허용하시고 이자를 취하는 것을 금하셨다. 주의 말씀을 듣고 이것을 그만둔 자는 여태까지 번 것은 그냥 두신다. 그는 알라의 뜻에 따른 것이다. 그러나 또다시 돌아가는 자는 지옥불의 주민이 되어 영원히 그곳에서 살 것이다. (『쿠란』, 2장 「암소의 장」 275절)

> 믿는 사람들아, 알라를 공경하라. 그대들이 참으로 믿는 사람들이라면 아직 남아 있는 이자를 포기하라. 만약 그렇지 않다면 알라와 그 사도로부터 선전(宣戰)을 받을 각오를 하라. 그

---

* 프랑스의 철학자이자 정신분석학자인 펠릭스 가타리(Félix Guattari)의 용어. 제도가 아니라 미시적 차원의 변화가 초래하는 사회구조 변혁.

러나 회개한다면 원금(元金)만은 그대들 것이다. 즉 자기도 부당한 짓을 행하지 않고 다른 사람으로부터 부당한 짓을 당하지도 않는다. (『쿠란』, 2장 「암소의 장」 278~279절)

이러한 규정은 화폐가 화폐를 낳는 것을 금지한다. 일신교의 사고에 따르면, (상징계와 현실계의 이음새인) 화폐는 사물의 대용물로서 교환의 장에 투입되고, 그 화폐가 즉각 다른 교환의 장소로 이동해 또 다른 교환·유통을 발생시키는 것이 이상적이기 때문이다. 화폐를 다른 사람에게 빌려준 경우, 교환의 장을 일시적으로 빠져나간 화폐가 일종의 자율적 시니피앙이 되어 살그머니 자기증식을 일으키고 그 증식분이 '이자'가 되어 채권자에게 굴러 들어가는 등의 일이 일어나서는 안 된다. 설령 그 이자가 채권자의 불안을 달래기 위한 보증으로 작용하든, 빌려준 화폐가 채무자의 수중에서 벌어들일지도 모르는 액수에 대한 보증으로 작용하든 간에 말이다. 자본주의 형성 운동은 대량으로 이자·이윤이 환전상에게 흘러들어 갈 때 개시된다. 이슬람은 이자·이윤의 발생을 '분자 차원'에서 제어하면서, 자본주의라는 황금송아지 상 주위에서 벌어지는 경제활동의 폭발적 전개 양상을 부단히 감시하고 발생 자체를 막으려고 노력해 왔다.

(……) 이슬람은 이자를 엄금하며, 이에 대한 어떠한 타협도 허락하지 않는다. 이슬람의 이자 엄금은 배분을 위협하는 이윤과 그로 인해 초래되는 나쁜 결과, 그리고 경제 일반의 균형에 일어나는 혼란을 제거한다. 그리고 화폐로부터 오직 부를 증대하기 위한 수단이라는 역할을 박탈하고, 화폐 본래의 역할을 회복시킨다. 그 본래의 역할이란 사물에 대한 일반적 대용성, 사물의 가치 산정의 기준이 되어 유통을 원활화하는 것이다.

자본주의적 환경에서 살며 그 형태에 익숙한 사람들 대부분은 이자와 이윤의 폐지를 은행과 금융업의 폐지, 경제체제의 활동 중단, 은행과 같은 기관이 제공하는 체제의 근육과 혈관 마비라고 간주한다.

그러나 이러한 생각은 은행이 경제생활에서 실제로 수행하는 역할과, 이슬람 경제제도에서 이자·이윤의 폐지로 인해 생기는 문제들을 조정하는 구체적 방법에 무지한 사람들의 억측일 뿐이다. (『이슬람 경제론』)

여기서부터 '무이자은행'[1] 시행을 시발점으로 하는, 이슬

---

[1] 이슬람 은행은, 이슬람이 엄금하는 이자를 취득하지 않고 자본과 노동(이 경우의 '노동'은 경영 같은 것도 의미하며, 통상의 노동과는 구별되는 요소를 갖고 있고, 보다 넓은 개념으로 사용된다)의 결합을 시도한다. 그것은 현대 금융시스템의 반이슬람성, 즉 한편으로는 자본가에게 고

람 특유의 흥미로운 실험들이 시도된다. 원리적으로 일신교는 상징계에 결정적인 우위를 부여하는 기호론에 의거하여, 화폐가 화폐를 낳는 것 즉 시니피앙이(아버지 없는 처녀수태 내지 자기증식을 통해) 시니피앙을 낳는 것을 부정한다. 유대교는 이로부터 파생하는 이자와 이윤 금지 규정을 같은 유대민족에게만 적용했다. 동족이나 친족에게 이자를 받는 것을 금지하는 대신, 이교도와 이민족으로부터는 오히려 적극적으로 징수할 것을 권장한 것이다.

그런데 이슬람은 이자 엄금을 '법'으로 정하여 이슬람을 받아들인 모든 지역에 적용하였고, 이교도나 다신교도에게 적극적으로 징수하는 것도 선호하지 않았다. 인류가 거주하는 곳, 모든 지역에서 이자를 받는 것은 악한 일이다. 인류는 '일'(一)의 표현이며 모든 개인은 평등하다. 따라서 개인의 활동 현장에서는 일신교적 기호론(보다 정확히 말해 '타우히드 화폐론'이라고 바꿔 말할 수 있다)이 엄밀히 적용되어야 한다.

정이윤을 약속하고 다른 한편으로는 자본 수요자에게 사업의 성공 여하에 관계없이 이자의 지불을 강제하는 것을 시정하려는 것이다. 즉 이슬람적 패턴의 이념형(理念型)을 금융시스템 안에 구현하려는 시도. 그러므로 이자의 취득을 전제조건으로 하는 근대경제학적 접근 방법으로 이슬람 은행 이론을 이해하는 것은 불가능하다고 할 수 있다.(이와이 사토시 岩井聡, 「무이자은행 계약의 원리와 방법」, 『이슬람 경제—이론과 사정』)

*

실상을 말하자면, 그리스도교 세계의 원리도 마찬가지일 것이다. 그들은 『쿠란』을 존중하지 않았지만, 무함마드가 받은 계시의 기반이기도 한 『구약성서』에서도 실제로 이렇게 말한 것을 잘 알고 있었다.

> 네가 동포에게, 너의 곁에 있는 가난한 자들에게 돈을 빌려줄 경우, 그에 대해 고리대금업자처럼 행동해서는 안 된다. 그에게 이자를 받아서는 안 된다. (「출애굽기」 22:25)

> 너희 형제가 가난하게 되어 너희 곁에서 허덕이면, 너희는 그를 도와주어야 한다. 그가 이방인이나 거류민처럼 너희 곁에서 살 수 있게 해야 한다.
> 그에게서 이자나 이익을 거두어서는 안 된다. 너희는 너희 하느님을 경외해야 한다. 그리하여 너희 형제가 너희 곁에서 살 수 있게 해야 한다.
> 이자를 받으려고 그에게 돈을 꾸어 주어서도 안 되고, 이득을 보려고 그에게 양식을 빌려주어서도 안 된다. (「레위기」 25:35~37)

마지막으로 인용된 「레위기」 문장은, 중세에 절대적 영향력을 행사했던 히에로니무스(Hieronymus)의 라틴어역 성서(불가타 성서)에 이렇게 나와 있다. "그들에게 우수라(Usura)를 목적으로 돈을 빌려주어서는 안 되며, 또한 너무 많은 양식을 요구해서는 안 된다." 여기서 '우수라'라는 말이 중요하다. 이 말은 단수형이며 문자 그대로 '고리'(高利)를 의미한다. 『구약성서』의 우수라 금지 율법에는, 하베르(무법자)들의 공동체였던 이스라엘의 사회학적 맥락이 반영되어 있다. 주변의 적의에 둘러싸여 있던 신규 공동체 이스라엘은 내부 분열을 막기 위해서라도 구성원들 간의 이자 징수를 금지해야 했던 것이다. 그러나 중세 유럽의 그리스도교 사회에서는 더 이상 그러한 유형의 공동체적 성격을 발견할 수 없다.

경제가 비약적으로 발전한 12세기의 유럽에서는 이러한 경제활동을 위한 고리대·금융업 활동이 필요하게 되었다. 사회 근저에서부터 '우수라 공녀'의 등장이 요구되었던 것이다. 중세 유럽에서 자본주의의 맹아가 탄생을 고하고 있었다. 경제활동이 활성화되면서, 교회 가까이에서도 그리스도교도가 고리를 붙여 대출 활동을 하는 것이 공공연하게 보였다. 교회는 그것을 좌시하지 않았으며 몇 번이나 금지하려 했고, 우수라의 시비를 둘러싼 대논쟁이 12세기 중반부터 격렬하게 전개되었다. 이 논쟁에는 당시 유명한 신학자나 교회법학자들도 동원되었다.

신학자들이 편 '우수라 반대'의 논지는 이슬람 세계의 이자 금지론처럼 일신교적 기호론으로 무장되지 않았다. 알려진 대로, 그들은 '돈은 돈을 낳지 않는다'라는 아리스토텔레스의 문장에서 영감을 받았다. 돈이나 자본이 생산성을 갖는다는 것 자체를 부정하지 않으면서, 빌려준 돈이 자식을 낳는 것은 '자연의 섭리에 위배된다'는 이유로 우수라를 부정한 것이다. 가령 토마스 아퀴나스(Thomas Aquinas)는 『신학대전』에서 이렇게 말한다.

> 화폐는……주께서 교환을 목적으로 발명하신 것이다. 따라서 화폐 본래의 제1 용도는 교환에서의 지출 · 소비다. 그러므로 대금의 이용 대가를 받는 것은 그 자체로 부정이다. 거기에 우수라 즉 고리(高利)가 있는 것이다. (토마스 아퀴나스, 『신학대전』)

신학자들은 일반적으로 돈 자체는 비생산적이며, 돈에서 이익이 생길 리 없다는 '자연주의적 인식'에 의거해 우수라라는 괴물에 대항하려 했다. 이자에 대한 이러한 태도는, 이슬람이 일신교적 기호론을 전개하며 '반(反)자연주의적 사고'에 철저히 대항하려 했던 것과 매우 대조적이다.

이슬람적 사고를 따르면 화폐가 교환·유통의 현장을 떠나 있는 사이에 마치 생물처럼 조용히 자기증식을 일으킨다는, 그러한 유사(類似) 자연과정 자체를 부정해야 한다. 그 과정은 신의 로고스를 따른 것이 아니며 마술적 과정에 의해 일어난 것이다. 마술은 사고와 자연이 공모하는 곳에서 일어나는데, 이슬람은 그 가능성이 현실화되기 직전의 현장을 억누르기 위해 이자를 엄금한다. 그런데 그리스도교적 사고는 자연 내부에서 발생한 반자연적 괴물(우수라)을 자연의 이치로 퇴치하려고 하는 것이다. 과연 자연의 이치가, 자연이 낳은 반자연적 괴물을 제압할 수 있을까?

우수라와의 전투에서 교회는 결국 승리하지 못했다. 그 모습을 자크 르 고프(Jacques Le Goff)의 『중세의 고리대』(*La bourse et la vie*)*에서 살펴보도록 하자.

> 고리는 13세기의 중요한 문제 중 하나다. 이 시기 그리스도교 세계는 '서력 1000년' 이래 계속된 힘찬 약진의 정점에서 영광을 누리는 한편 위기에 봉착해 있었다. 들불처럼 번지는 화폐경제가 종래의 그리스도교적 가치들을 위협했다. 이윽고 새로운 경제체제가 탄생할 준비가 갖춰졌다. 자본주의가 시

---

* 한국어판. 자크 르 고프, 『돈과 구원』 김정희 옮김, 이학사, 1998.

작되려면 새로운 기술까지는 아니더라도, 적어도 옛 교회에 의해 단죄되어 온 관행이 집단적으로 행해질 필요가 있었다. 거듭 발동된 금지 조치를 두고, 가치와 심성의 접점에서 매일같이 사투가 벌어졌는데, 그 쟁점은 비합법적 고리와 구별되어야 하는 적법한 이자의 공인이었다. (자크 르 고프, 『중세의 고리대』)

확실히 교회는 고리대금업자에게 무서운 저주를 내렸는데(교회는 고리대금업자에게 이 세상의 번영을 체험하고, 가장 비참한 지옥에 떨어질 거라고 위협했다), 그러한 비난의 말은 가장 악질적인 반유대주의에 구실을 주기도 했다. 그렇지만 토마스 아퀴나스의 시대인 13세기가 되면 스콜라 학자들의 논조가 미묘하게 변한다. 중요한 것은, 그들의 관심이 모든 고리에 대한 단죄 대신 '대체 어느 정도의 이자 부기 금융을 허가해야 하는가'를 묻는 '공정'(公正) 이론의 정리로 옮겨 갔다는 것이다. 이때 스콜라 철학이 만든 '공정'에 대한 일종의 도덕철학은 머잖아 애덤 스미스(Adam Smith)에 의해 고전파 경제학 심장부로 흘러 들어가게 된다. 스콜라 경제학은 '이자(이윤)가 자본주의라는 새로운 경제 시스템을 낳는다'는 것을 예감해 왔다. 고전파 경제학은 스콜라 경제학으로부터 사고의 열쇠를 그대로 물려받은 것이다.

르 고프는 이 시기에 '연옥' 개념이 만들어진 것이 또 하나의 중요한 지점이라고 말한다. 이 시대에는 죄를 지으면 죽자마자 지옥에 거꾸러지는 것이 아니라 천국과 지옥 중간에서 생전에 지은 죄를 정화하여 천국의 문을 지나갈 자격을 얻는다. 이른바 연옥이라는 새로운 완충지대가 설정된 것이다. 이로 인해 고리대금업자를 무겁게 짓누르고 있는 심리적 부담은 크게 경감되었다. "일단 회심해서 신께 마음을 의지하면 '그대의 이름은 신 앞에 자랑스러운 이름'이 되며, 일찍이 고리대라 불리던 자는 참회자라 불리며 신에 의해 의롭게 된다."(자크 드 비트리Jacques de Vitry의 설교)

13세기가 중요한 전환점이다. 이제 그리스도교는 자본주의를 틀어막고 있던 마개를 머뭇거리며 제거하기 시작한다. 이를 위해 우선 자본주의의 개척자인 미래형 상인 즉 고리대금업자에게 매여 있던 족쇄가 풀려야 했다. '공정' 이론과 '연옥' 사상이 그것을 실현했다. 이때 일신교의 세계는 궁극적으로 변화했다. 그 모습을, 동방의 이슬람은 의혹 어린 눈길로 응시하고 있었다.

3. 타우히드 화폐론

이슬람은 '최종·지고의 일신교'답게, 어쨌든 윤리적으로 금지하는 형식을 통해 이자(이윤) 발생을 억제하고자 노력해 왔다. 그리하여 오랫동안 이슬람 세계에서는 자본주의가 형성되지 않았다. 이자는 자본주의의 원자(atom)다. 이 원자를 발생의 단계에서 억제하는 '분자 차원'의 개혁을 통해, 이슬람은 화폐 증식을 기본으로 하는 자본주의 사회의 출현을 막아 왔다.

그런데 생산력의 증대와 상업 활동 활성화가 본격화되기 시작한 13세기 이후, 이슬람과 같은 '아브라함의 종교'이며 일신교인 그리스도교 세계에서는 교회의 이자·이윤의 획득에 대한 억제가 급속도로 약화되기 시작한다. 그리하여 본격적인 자본주의 형성의 길이 열린다. 그렇다면 이슬람권과 달리, 그리스도교 세계에서는 종교의 영향력이 저하된 것일까? 아니면 그리스도교는 사상구조 내부에 자기증식을 일으키는 활동을 용인하는 요소를 처음부터 은밀히 품고 있었다고 봐야 하는 것일까?

르 고프의 연구는 그리스도교가 이자·이윤을 '자연주의'적 이유로 반대했음을 밝힌다. 토마스 아퀴나스를 비롯한 신학자 일반은 '돈은 돈을 낳지 않는다'는 아리스토텔레스적 사고를 근거로 '돈=화폐'는 추상적 가치 실체의 표현이며, 그 자체로 반자연적이고, 자력으로 자식을 낳지 않는다고 생각했다. 유일신의 이치는 자연 구석구석까지 침투해 있다. 신은 화폐가 화폐를 낳는 반자연을 허락하지 않는다.

흥미롭게도 이러한 사고는 400여 년 후 중농주의자에게 그대로 계승된다. 중상주의자들이 '이윤은 공동체 간의 차이에서 발생한다'는 격차론적 사고에 따라 주로 무역 차액으로 이윤을 얻는다고 주장하자, 중농주의자들은 아리스토텔레스의 동일한 격언을 인용하며 반론했다. 화폐 그 자체의 가치증식은 불가능하다. 공장에서 상품 생산을 하더라도 가치는 증식되지 않는다. 가치를 증식할 수 있는 것은 다만 자연을 경작하는 농업뿐이며, 신께서 내려 주신 '순수 자연의 증여'는 자연의 증식 형태로 인간에게 주어진다고 중농주의자들은 보는 것이다.

프랑스혁명 직전에 큰 영향력을 행사하던 중농주의는 철두철미하게 가톨릭 신학의 사고방식을 따른다. 가톨릭 신학은 '신의 선물'이 경제회로를 일탈하는 자연과 영성의 과잉분, 즉 '은총'으로서 인간에게 주어질 때만 가치의 증식이 일어난다고 보며, 이에 따라 이자와 이윤을 부정했다. 이러한 사고방식이, 근대경제학의 시조이자 마르크스도 높이 평가했던 중농주의에서 답습된 것은 확실히 인상적이다. 이 사고방식을 확대하면 고리대금의 이자·이윤은 반자연이기에 금지되어야 한다. 그러나 동시에 중농주의는 노동과 자연을 통해 발생하는 산업적 이윤만은 '신의 이름으로' 승인할 수 있다고 말하는 가톨릭교회의 생각으로 전환될 수도 있다.

중농주의자들은 순수한 가치증식이 자연에 대한 노동과 그 노동을 통해서 자연으로부터 부여받은 증여로서의 '순수이익'으로서만 일어난다고 보았다. 이러한 생각의 배후에서, 우리는 그리스도교적 일신교 사고의 강력한 자장을 발견한다. 게다가 실제 농업으로 축적된 원시적 자본이 근대의 자본주의를 낳은 것이다. 여기서 다시 농업 문제다. 이미 일신교가 직면했던 농업의 자기증식 능력 문제가 프랑스혁명 전야에 혁신적 경제이론을 낳은 셈이다. 이는 프랑스가 강력한 농업국가라는 점과도 관련이 있다.

슘페터(Joseph Alois Schumpeter)와 같이 뛰어난 현대경제학 연구자는 일찍이 고전파 경제학의 골격에 토마스 아퀴나스 등 스콜라 학자의 경제론이 큰 영향을 미치고 있다고 이해했다. 애덤 스미스는 '순수 자연의 증여'와 같은 중농주의의 가톨릭적 개념을 비판하며 이윤 발생을 노동과정 자체에서 발견하고자 했고, 실제로도 그렇게 했다. 잘 알려져 있다시피 애덤 스미스의 경제론은 그 기초를 중상주의가 아니라 도덕철학 안에 두고 있는데, 이 도덕철학의 '자연법'에 대한 철학자들의 업적을 매개로 스콜라 경제이론이 도도하게 흘러들어 온다. "토마스 아퀴나스에서 시작해 중상주의를 우회하여 애덤 스미스까지 흘러가는 끊임없는 도정의 존재"(이이즈카 이치로飯塚一郎, 『화폐학설 전사前史 연구』)를 확인할 수 있다면, 서구 근대의 경제적 현실 안에 스콜라 철학적으로 이해된 일신교의 구조가 잠복하고 있음은 이미 의심의 여지가 없을 것이다.

증식의 아포리아를, 유대교는 마술과 다신교를 부정하면서 극복하려 했고, 이슬람은 이자를 엄금하여 경제생활 전반의 실천적인 혁신에 매진했다. 그에 비해 그리스도교는 엉거주춤 그것을 반대하는가 싶더니 머뭇거리며 용인하고, 마침내 스스로가 낳은 괴물에게 큰 타격을 입었다. 자본주의라 불리는 괴물 자체를 증식 원리의 부산물이라고 본다면, 일신교 내부에서 그리스도교(특히 가톨릭)의 특이한 성격이 여기서 크게 두드러진다. 자본주의의 추진 원리를 동태적(動態的)으로 본다면, 이것의 구조는 가톨릭 신학의 가치이론과 지극히 유사하기 때문이다.

그리스도교적 일신교와 고전파 경제학(또한 서구의 생산·유통·분배의 구조 그 자체)은 지금까지 검토했던 것보다 훨씬, 본질적으로 깊은 관계이지 않을까? 이제 우리는 신학과 경제학을 잇는 '빠뜨린 고리'를 재발견하기 위한 탐구를 시작할 필요가 있다. 이슬람과 그리스도교, 같은 일신교인 두 문명권에서 일어난 오늘날의 '충돌'이 무엇을 의미하는지 최대한 깊이 이해하기 위해서도 이 탐구는 필요하다.

우선 자본주의와도 사회주의와도 다른 '이슬람 경제'라

는 현실이 실재한다고 인정하는 것에서부터 시작하자.[2] 경제적 지배력만 보면 영락없는 약체이지만, 이슬람 경제는 일찍이 실재했고 지금도 실재하며 앞으로도 실재할 것이다. 이를 무시할 수는 없다. 그렇다면 자본주의든 이슬람 경제든 오늘날 모든 경제활동의 기초는 화폐이므로, 그 화폐의 이해에 있어 가톨릭적 화폐론과 이슬람의 화폐론 각각의 화폐론이 존재하고, 각각의 화폐론은 다른 경제적 현실을 형성한다고 볼 수 있다. 이제부터 보겠지만 이슬람의 화폐론은 일신교인 이슬람

---

[2] '이슬람 경제론'과 그 배경이 되는 사회적 현실에 대해 구로다 도시오는 '현재 존재하지 않는 형태로만 존재한다'라고 하며 다음과 같이 말한다. "이슬람 경제론——이란(Iran) 혁명에서 돌출되었을 뿐이지만, 이 주장은 일찍이 이슬람 세계 전역에 존재해 왔다. 보이지 않았다는 것이 아니라, 외부 관찰자가 보지 못한 것일 뿐이다——에 대한 비전문가의 무시는 충분히 납득 가능하다. 그러나 전문가의 경우는 뭐라고 해야 할까? 그 주장 전체가 실행되던 시대나 지역은 대동소이하나, 그 세부는 이슬람 세계라는 땅에 지속적으로 계승되고 실행되어 왔다. 이 세계의 경제활동의 특징을 구성하는 혹은 구성했을 이런 종류의 문제에 관한 연구자의 거의 완전한 무시는 과연 무엇을 의미하는 것일까". 그리고 다음과 같이도 말한다. "이제까지 이슬람 경제론이라는 주제는 다양한 의미에서 사람들의 관심을 끌기 어려운 존재였다. 애초에 이슬람이라고 하는 가치체계 그 자체가 관찰자의 비판에 의해 시대에 늦은, 멸망하고 사라질 운명으로 평가되었고, 그리하여 현대에는 맞지 않는 것, 미래로 향할 가능성이 없는 것으로 논해져 왔다. (……) 전 세계를 망라하고 강력한 지배력을 과시하는, 현대의 세계경제 시스템이 움직이는 가운데 주변적 지위를 감수해 온 이슬람 세계의 경제적 영역에 대한 독자적인 주장 같은 것은 정말로 하찮은 것이며 논의할 가치가 없다. 종교로서의 이슬람이 얼마간 부흥의 조짐이 나타났다고 해도, 정치적 힘은 약체에 불과하며 '힘'의 수준으로 이슬람 경제를 논하는 것은 확실히 현 단계에서는 주변적 문제일 뿐이다. 가령 이슬람 세계에 있어서 무이자은행의 실정 검토 같은 것은, 그 세계의 경제 상태 정체, 약체화에서 예견된 것처럼 지금도 주변적인, 하찮은 일이다. 그러나 그 주장의 본성, 구조는 과연 지금까지처럼 철저하게 무시받을 만한 것일까." (구로다 도시오, 「서문」 및 「이슬람 경제론의 구성」, 『이슬람 경제—이론과 사정』) 2001년 9월 11일 이래, 우리는 이러한 무시가 불가능한 시대로 돌입한 것이다.

적 사고방식인 '타우히드'(Tawḥīd) 구조를 따라 구축되며, 가톨릭적 화폐론(이것은 우수라와 싸워 왔던 스콜라 철학에서부터 시작되어, 중농주의, 고전파 경제학, 『자본론』을 거쳐 현대에 이르기까지, 자본주의 내부에서는 유효한 작동을 계속하고 있다)은 일신교인 그리스도교적 사고방식인 '삼위일체' 구조에 의거하여 작동한다.

외부에서 보면 둘의 차이는 사소할 것이다. 하지만 일신교 세계 안에서 보자면 중대한 차이다. 경제발전 초기 단계에서 이슬람의 절대적 우위, 십자군 문제, 근대에 서구 자본주의의 폭발적 전개, 이슬람의 경제적 열세, 오늘날의 글로벌리즘 현실. 이러한 역사적 현실의 심층에는 각각 다른 일신교들의 '초기조건'이 있다. 그것들의 작동이 핵심이다. 우선 두 일신교의 '초기조건'의 차이를 명확히 할 필요가 있다.

*

이슬람적 일신교는 '타우히드' 논리를 관철한다. 타우히드는 아라비아어로 '다만 일화(一化)하다'를 의미한다. 이슬람 최고의 법철학자 가잘리(Abu-Hāmid Muḥammad al Ghazālī)의 정의를 보자.

지고한 신은 유일하게 계시며, 신이 유일하다는 것은 신 그 자체를 긍정하고 신 이외의 것은 부정하는 것으로 귀결된다. (……) 우리는 유일자(wāhid)란 분할을 받아들이지 않는 것, 즉 크기가 없고, 한계가 없고, 무게가 없는 것을 의미한다고 말한다. 지고한 창조주가 유일하다는 것은, 그에게 크기가 없다는 의미이며, 신에 대해 분할을 정당화하는 크기 개념을 부정한다는 것이다. (가잘리, 「이슬람 신학요강」, 『중세사상원전집성中世思想原典集成 11권』)

삼라만상 이 우주를 구성하는 것은 모양도 색도 속성도 가지각색으로 다양하게 피어오르고 있으나 그 모든 것(있는 것)의 존재성은 '단 하나인 실체'로 수렴된다. 즉 존재는 유일한 신의, '단 하나인 실체의 표출'로 이해된다. 달리 말하면, 유일한 신 알라(알라-후)야말로 삼라만상의 창조주다.

이 생각은 일신교로서는 그야말로 평범하며, 유대교·그리스도교와도 공통된다. 그러나 가잘리의 이 정의가 다른 일신교, 특히 그리스도교와는 조금 다른 뉘앙스로 강조점을 두는 것에 주목해 보자. 여기서는 그러한 '단 하나인 실체'의 유일성과 함께, 이 '실체'의 내면이 단순하기 짝이 없음을 강조한다. 유일신은 무엇인가로 존재하지도 분할되지도 않는다. 신에게는 크기도 무게도 한계도 없으므로, 외연으로 분할될 수 없다. 게다가 신의 '내면'조차 위상적으로 구조화할 수 없다.

유일한 신은 완전하며 단순실체이고 그 내면의 위상에 대해서도 사고할 수 없다. 이는 이슬람적 화폐론을 도출해 낸 정통파 이슬람 신학의 특성 중 하나다.

이것은 '주성(主性)의 타우히드' 즉 유일신 '내면'을 둘러싼 단순함 자체를 중시하는 다음과 같은 해석에 잘 나타나 있다.

> '주성의 타우히드'에 대해 이슬람 신학은 알라를 ①본체에 부분을 갖지 않는 단일자이며, ②속성을 통해 비교할 수 없고, ③행위에 있어서 단독적이라고 인식하는 것으로 정식화한다.
>
> ① 본체에 부분을 갖지 않는 단일자란, 알라가 분할 가능한 여러 부분의 복합체가 아니며 불가분의 단일한 실체라는 뜻이다. 어떤 의미로든 '아버지와 아들과 성령의 삼위일체'라는, 신의 일체성을 위태롭게 하는 발상은 준엄히 거절된다.
>
> ② 속성을 통해 비교할 수 없다는 말은, '알라의 속성과 피조물의 속성' 등은 명칭만 같지 질적으로는 서로 동떨어져 있다는 의미다. (……)
>
> ③ 행위에 있어서 단독적이라는 말은, 알라만이 유일하게 자족적이며 능동적 행위자임을 의미한다. 피조물의 운동 모두는 알라의 부단한 창조에 따라 생성된다는 의미에서 수동적인 것에 지나지 않으며, 참다운 행위라고 말할 수 없다. (나카

타 고中田考, 『이슬람의 논리』)

여기서 말하고 있는 것을 인지론적인 표현으로 옮겨 보자. 이슬람은 스피노자 철학처럼 전 존재를 가로지르는 하나뿐인 힘의 유동이 일어나고 있다는 인식에서 출발한다.[3] '지고의 신'이라 불리는 것은 이 하나의 유동하는 힘(실체)뿐이다. 이 유동하는 실체만을 '신'이라고 부른다. 그렇다면 다른 신들은 '신'이라고 불리는 것이 부정된다. 이러한 '다신교의 신들'은 각 인지 영역을 가로막는 격벽(隔壁) 부분에서 일어나는 힘의 변형(metamorphosis) 현상을 종교적으로 표현한 것에 지나지 않으나, 일신교에 있어서 그 힘의 변형을 일으키고 있는 '횡단하는 유동적 힘' 그 자체는 항상 근원적인 것이다. 그러므로 '지고의 신'은 유일해야 한다.

게다가 여러 존재를 가로지르며 유동하는 이 힘(실체)에

---

3 이슬람의 타우히드 사상과 스피노자 철학의 유사성을 처음으로 명확히 지적한 사람은 이마무라 히토시(今村仁司, 1942~2007)다. "예수는 신과 인간의 '대리자'였고 그리스도교의 '교회'는 성과 속의 '매개자'였다. 매개성의 사상은 '대리자'를 성화(聖化)하고 '지도자'화한다. 매개와 대리의 사상은 지배·피지배라는 정치적 권력을 도입하지 않을 수 없다. (……) 이슬람은 간접(대리) 표출을 거부하고 직접 표출의 존재론을 택하면서 차별의 극복, '평등'의 사상을 구축했다고 말할 수 있다. 아마도 이 점이야말로 이슬람 존재론의 가장 중요한 공헌이다. 유럽 사상사에서 이슬람의 '직접 표출'에 가까운 사상가는 스피노자다. 스피노자는 존재론의 수미일관성이라는 점에서 이슬람 이상으로 이슬람적이다." (이마무라 히토시今村仁司, 「이슬람 경제사상에 있어서 직접성 개념」, 『이슬람 경제―이론과 사정』)

는 내부구조가 없다. 단순하기 짝이 없는 단일한 실체로서, 어떤 구조도 위상도 생각할 수 없다. 이 점이 이슬람과 그리스도교를 엄격히 구별하는 중요한 분기점이다. 그리스도교는 유일신의 '아버지와 아들과 성령의 삼위일체'를 인정한다. 이 삼위일체 구조는 모든 양적 개념과 관계가 없고 순수한 '관계성'으로만 되어 있기에 단지 위상적으로 이해할 수 있다. 하지만 이슬람은 '알라'의 단일성을 모독할 위험을 내포한, 이러한 위상적 사고를 단호히 거절한다.

그런데 세계의 창조주는 이처럼 단순한 '실체'이건만, 이 세계는 너무나 다채롭지 않던가. 이 세계의 다양성을 이슬람은 어떻게 이해하고 있을까? 단일하고 단순하기 짝이 없는 '힘=실체'는, 스스로를 다양하게 존재하는 것으로 직접적으로 표출한다. 이 프로세스를 앙리 코르뱅은 『일신교의 패러독스』** 라는 책에서 설명한다. 그는 수피즘 철학자 이븐 아라비(Ibn Arabi)의 제자 하이다르 아몰리(Haydar Âmolî)가 '타우히드' 개념을 설명하기 위해 그린 도면('거울의 도면')을 다음과 같이 분석했다.

** Henry Corbin, *Le Paradoxe du monothéisme*, l'Herne, 1981. 앙리 코르뱅은 20세기 프랑스의 철학자이자 이슬람 신비주의 연구의 거장이다.

하이다르 아몰리의 '타우히드' 개념 도해

우선 이 도면 중앙에는 유일한 신이 그려져 있다. 그 주위에는 온갖 거울이 있고, 그 거울들에서는 가지각색의 불꽃이 타오르고 있는데, 이것이 신의 표출(theophany)을 보여 준다. 그 자신으로 존재하는 '일자'(一者)와, 신의 직접적 표출로서의 다양화된 존재자. '일자'에 의한 일화(一化)가 없다면 다양성도 없게 되고, 그 역은 성립되지 않는다. (……) 하이다르 아몰리는 이 모양을 다음과 같이 멋지게 설명한다. "이러한 동심원 도면을 그린 이유는, '타우히드' 개념을 이해하는 것이 극도로 험난하며, '존재'를 설명하는 것이 너무나 어럽기 때문이다. 이제까지 많은 철학자들이 (일화—化의 행위인) 타우히드와 존재를 이해하고자 노력했지만, 마침내는 길을 잃어, 그들 뒤를 따르는 사람들도 마찬가지로 길을 잃고 말았다." '일화와 다양화'는 뛰어난 지혜가 아니면 이해할 수 없다. 또한 두 가지가 완전하게 일체인 것을 이해하지 않으면 두 프로세스는 함께 파멸하고 만다. 두 가지 프로세스 '일화와 다양화'는 완전히 하나임을 재차 이해해야 한다. 이것이야말로 진정한 의미의 타우히드 실천이다. 이것을 '통일의 통일'이라고 말한다. 가지각색의 피조물을 신적 존재와 일체로 파악하지 않으면 '분리'가 일어난다. (……) 신적 존재와 피조물을 동시에 파악하고, 피조물을 신적 존재에 겹쳐서 파악하는 것이 중요하다. 일화(一化) 안에서 다양화를 찾아내, 다양성 안에서 일성(一性)을 파악하는 것이 필요한 것이다. (앙리 코르뱅, 『일신교의 패러독스』)

이처럼 '일'(一)과 '다'(多)는 이슬람에서 직접적으로 결부된다. 모든 존재자는 그 모두가 '일'(一)을 직접 표출하는 것이기에 평등하다. 그러나 각각의 존재자는 표출의 정도가 다르기에, 이 세계에 같은 것은 하나도 없다. 따라서 세계는 놀라울 만큼 다양성으로 가득하다. 이슬람은 '일'인 것과 '다'인 것이 완전히 동일한 사건을 나타낸다고 생각하는 것이다. 이러한 사고에 따르면, 일신교는 존재들의 세계를 '균질화'할 수 없다. '일'의 직접적 표출인 존재자는 모든 것의 표출 정도를 다르게 하고 있기에, 특정한 '일'로서 균질한 것이 아니다. 모든 차이가 피어오르고 있으나, 동시에 이 차이는 '일' 안에서 통일화되기에 어떠한 분리도 일어나지 않는 것이다.

주의하자면 여기서 말하는 다양성은 일신교가 경계했던 증식성과 근본적으로 다르다. 이슬람의 사고방식에서는 어느 존재자나 '일'과 직접적으로 결부되어 있는데, 그 존재자는 다른 어떤 존재자를 표상(represent)하는 것이 아니며, 한쪽이 다른 쪽의 시니피앙으로서 자유롭게 늘었다 줄었다 하는 것도 아닌 '정직함'을 갖추고 있다. 일신교는, '일'과의 직접적인 표출관계를 잃고 자유로운 부유상태로 돌입한 시니피앙이 제동 없이 수와 양과 강도를 늘려 가는 증식 현상을 경계한다. 이러한 증식이 일어나면 순간 세계는 다채롭고 풍요로운 것처럼 보이지만, 실제로는 풍요로운 다양성을 품은 것이 균질화된 표상 안에 붙잡혀 그 표상작용이 늘어날 뿐이며, 다양성 그 자체는 빈곤하게 되고 만다. 돈이 늘어도 마음은 가난하게 되는 것이다. 이것은 표상의 양이 늘어나도 다양성은 빈곤해지고, '일'(一)인 유일한 신과의 직접적인 이어짐도 빈곤해지고 만다는 사실을 나타낸다.

일신교는 본래 '일'과의 직접적 연결을 지키기 위해 다신교를 반대하고 황금송아지(우상)를 파괴하고 이자를 엄금하고 마술에 저항해 왔다. 이를 엄격하게 실천하기 위해서는 신학 안에서 증식성이라는 위험으로 이어질 법한 모든 유혹과 과실을 신중하게 배제해야 했다. 이슬람의 타우히드(一化) 사고는, 그야말로 일신교의 성립이라는 인류의 '제1차 형이상학혁명'의 정신을 가장 순수한 형태로 실현해 온 것이라 할 수 있다.

4. 성령은 증식한다

이 증식성은 그리스도교의 원리 안에서는 굳건하게 정립된 것이다. 증식하는 것은 '일'(一)인 신의 다양한 표출과는 달리 신과 인간 사이에 있는 매개자를 통해서만 우리 세계에 방사되어, 양적인 것(부의 경우)과 양적이지 않은 것(지복감의 경우)을 가리지 않고 그저 뭔가를 '늘리는' 것이다. 지고의 신과 모든 존재자가 직접적인 표출관계에 있는 이슬람에서는 이러한 유형의 증식 개념은 부정한다. 그러나 같은 '유일의 신'이면서 타우히드와는 전혀 이질적인 이해를 보이는 그리스도교는 이런 유형의 증식이 그 신학의 중심부에 정립되어 있고, 또한 그것에 대응하는 현실을 만들어 낸 것이다. 이는 이슬람이 그리스도교를 비판하는 최대의 논점 중 하나인 '삼위일체론' 문제와 연관된다.

삼위일체론이 그리스도교에 처음부터 있었던 것은 아니다. 원래부터 예수에게 그런 발상이 있었을 리도 없고, 사도 바울의 편지를 바탕으로 곡예를 부리듯 이해하지 않는 한, 그러한 견고한 사고구조가 이미 있었다고 증명하기도 어렵다. 이 구조는 고대 최대의 이단 아리우스파 및 그 아류와 논쟁하던, 고대 교부들에 의해 서서히 형성되었다. 대강이나마 그 과정을 돌아보도록 하자.

우선 '아버지와 아들'의 관계가 논쟁을 일으켰다. 무함마드는 알라의 사도이며 한 사람의 예언자일 뿐이다. 이슬람은 '이사'(Isa)이슬람식으로 부르는 예수도 마찬가지라고 생각한다. 그런데 그리스도교에서 그리스도는 '신의 아들'이다. 하지만 예수가 마리아라는 여성에게서 인간의 아이로 태어난 것도 사실이다. '단성론'(單性論)*을 주창한 아리우스파는 예수의 신성을 부정하고 예수는 인간이라고 주장한다. 아리우스파를 받아들인 지역의 사람들은 후에 이슬람의 신의 단일성에 대한 교리를 점차 받아들였다. 이에 비해 초창기의 그리스도교 정통파는 단성설을 부정하고 그리스도의 신성을 인정했다.

정통파의 사고방식은 신과 예수 그리스도를 '아버지와 아

---

* 그리스도교에서 그리스도론을 신학적으로 정의할 때 사용되는 용어로서, 육신을 지니고 세상에 나온 예수에게는 단일한 성질(나투라)만이 존재한다는 뜻.

들' 관계로 파악한다. 양자는 '동일본질'(호모우시아)** 관계에 있다는 것이다. 신에게 있는 본질은 모두 그리스도에게 있지만 신과 그리스도는 동일하지 않고 엄연히 차이를 유지하고 있다. '아버지'는 자신의 유전자를 완전히 전하여 '아들'을 산출한다. 유전자 정보는 완전히 동질적이지만, '아들'은 '아버지'에게서 산출된 것으로서, 양자가 같을 리 없다. 신이 아무리 '아버지'로서 '아들'을 낳더라도 그 본질은 단일성을 유지하고 있다. 그러나 이 단일성 내부에는 '부성'(父性)과 '자성'(子性)으로 표현할 만한 관계성이 있으며 이 관계성에 따라 하나로 통일된다는, 참으로 복잡한 사고방식을 그리스도교는 채용했던 것이다.

여기 흥미로운 점이 있다. 일신교의 신은 인간이 야기하는 유한한 인식 영역을 횡단하는 초월적이고 유동적인 지성으로, 어떤 인식 수단으로도 파악할 수 없다. 즉 신은 실무한(實無限)이다. 그리스도는 지상에서 이 신과 질적으로 같다. 이렇게 말하면 인간의 지성이 파악하는 현실의 세계에 무한이 있는, 혹은 유한의 세계에 무한이 포함되는 사태가 일어나게 된다. 이슬람에서는 이러한 것은 절대 일어나지 않는다. 실무한인 신의 영역과 인간의 영역 사이에는 엄연한 심연이 가로놓

** 호모우시아(ὁμοούσία): 성자와 성부가 동등하고 동일한 신적 본질이라는 의미.

여 있기 때문이다. 그런데 예수의 신성을 인정하는 그리스도교에서는 현실세계에 실무한이 삽입되는 터무니없는 일이 발생한다.

하지만 이 과정은 서구적으로 이해되었던 화폐와도 거울에 비춘 것처럼 매우 닮아 보인다. 아리스토텔레스가 이미 말한 것과 같이, 화폐는 모든 것을 균질화하면서 무한이라는 개념을 경제에 도입한다. 여러 상품의 질적 차이는 화폐라는 균질한 유동성 안에 녹아 들어가 소실된다. 그 대신 셀 수 있는 양으로 변화하기 때문에, 언제까지나 셀 수 있는 수 즉 수학적 무한으로 화폐를 증대시키려는 욕망이 발생하는 것이다.

여기서 일신교의 신과 화폐의 공통성을 발견할 수 있다. 화폐는 세계를 균질화한다. 일신교의 신도 '유일한 신'으로서, 모든 질적 차이를 가진 것을 평등하게 만들어 자신의 내부에 수용한다. 화폐는 현실 안에 무한을 끌어들이는 작용을 한다. 물론 이것은 수학적 무한이며, 신의 실무한과는 구별해야 한다. 수학적 무한과 실무한 사이에는 자세히 보면 넘을 수 없는 심연이 있지만, 자칫하면 똑같아 보일 수도 있다. 그리고 인간 대부분은 이 두 가지를 무심코 혼동한다. 혼동하지 않기 위해 이슬람은 타우히드 관상(觀想)신에 대한 직관적 인식의 중요성을 말하지만, '신의 아들'의 지상 강림을 주장하는 그리스도교에서는 이 무심한 위험성이 계속 증대하게 된다. '일'(一, 이것은 셀 수 없다)과 '다'(多, 수학적 무한으로서 셀 수 있다)가 완전한 일체인 신의 실무한과, 화폐가 만들어 내는 무한 개념 사이의 구분이 점점 없어질 위험이 그리스도교에 잠복해 있는 것이다.

상인 경력이 긴 무함마드는 화폐가 발휘하는 이러한 마력을 숙지하고 있었다. 때문에 화폐가 일으키는 '욕망의 무한 확대'가 신의 유일성(타우히드)을 모독한다는 것을 알고 다음과 같이 말한다.

> 금과 은을 축적하여 이것으로 알라의 길을 막고 있다. 금과 은을 축적하여 이것을 알라의 길을 위해 쓰지 않는 자에게는 심한 징벌이 있을 것을 알려 주마. 그런 것(현세에서 저축한 재보)이 지옥의 불길 속에서 작열(灼熱)하여 그들의 이마나 옆구리나 등에 그 때문에 낙인(烙印)이 찍히는 날, '이것은 너희들이 자기를 위해 축적한 것. 그러므로 자기가 축적하여 온 것을 맛보아라.' (『쿠란』, 9장 「회개悔改의 장」 34~35절)

이러한 발언은 자칫 종교의 도덕 이야기로 보인다. 하지만 이는 금욕을 말하는 도덕 담론 같은 것이 아니다. 타우히드에 바탕하는 이슬람의 사고는 모자람 없는 일관성을 보인다. 무함마드는 '화폐가 그 감춰진 마력을 발휘하여 황금송아지로 변모하지 않도록, 유일신의 가르침에 따르는 자는 한순간이라도 주의를 게을리해서는 안 된다'는 일신교적 기호론에서 귀결된 하나의 윤리를 말했을 뿐이다. 이런 윤리는 타우히드 논리와 일체다. 그런데 삼위일체론을 주장하는 그리스도교에서는 신의 내면구조 논리에서 직접 일신론적 윤리가 도출되지 않는다. 즉 스피노자적 의미에서의 '윤리'는 되지 못한다. 스피노자적 의미에서 '윤리'란 '실체'의 내재 논리와 일체여야 한다. 여기서 욕망의 억제를 말하는 가르침은 종종 금욕적 도덕 담론의 성격을 띠게 된다.

그렇다면 여기서 시선을 옮겨 보자. '아버지'가 '아들'을 산출하는 그리스도교적 일신교 문명에서는 현실세계, 가령 수학적 지성이 인식 가능한 세계 안에, 실무한이 기호화되어 셈해지는 사태가 일어난다고 예측할 수 있다. 이슬람은 신의 지성과 인간의 지성 사이에는 넘을 수 없는 절대적 심연이 가로놓여 있다고 간주한다. 따라서 신의 지성을 드러내는 실무한을 '$\aleph$'*와 같이 기호화하여 수학의 세계 안에 거두어 거기서 모순 없는 체계를 만들겠다고 생각하는 수학자가 나오지 않았다. 하지만 그리스도교적 서구에서는 그러한 수학이 실제로 만들어졌고 우수한 지성들이 거기에 전념해 온 것이다. 거기

---

* '$\aleph$'(알레프aleph) : 게오르크 칸토어(Georg Ferdinand Ludwig Philipp Cantor)가 사용한, 무한집합의 크기를 나타내는 기호.

다 자본주의의 경이적인 확대와 정신분열증적 문명('무한의 수학'을 생각했던 칸토어는 실제로 분열증에 빠졌다)이 수상한 관련성을 이어 나가며 발달해 왔다. '아들을 산출하는 신', 화폐, 무한의 수학, 자본주의, 정신분열증적 문명. 이것들 사이에는 명백한 공통점이 있다.

자본주의 발달의 기저에서는 무한의 욕망을 부추기는 화폐가 작동한다. 하지만 타우히드를 따르는 이슬람 경제라는 이질적 문명이 실재하는 이상, 이러한 [자본주의의] 화폐는 '신의 아들을 산출하는 세계' 특유의 화폐론에 의거한 화폐 운동을 따른 것이라고, 보충 설명을 붙여야 하는 것이 아닐까? 일신교적 기호론의 관점에서 보면 예수 그리스도를 '신의 아들'로 간주하는 신앙의 출현은 매우 수치스러운 일이라고 말할 수 있다.

그 이상으로 일신교에 복잡한 문제를 제기하는 것이 '성령'이다. 고대 그리스인이 '프네우마(πνευμα, pneuma)=영기(靈氣)'라고 불렀던 이것은 사람의 호흡을 통해 생명활동에 출입하는 비물질적 작용, 종교의례나 제례에서 사람들에게 강림하여 깊은 공감과 공명 혹은 일체감이나 사랑의 감정을 폭발시켜 그 장을 하나의 '커뮤니언'(communion, κοινωνία)그리스도교 신도생활이자 성찬의식으로 만드는 불가사의한 힘, 훌륭한 영적 지도자가 설교나 세례를 베풀 때 그 사람 주위를 둘러싸고 있는 카리스마적 힘을 가리킨다. 이 말은 『신약성서』에 빈번히 등장한다.

> 그 뒤에 예수께서 '성령'의 인도로 광야에 나가. (「마태오」 4:1)

> 예수께서는 요르단강에서 성령을 가득히 받고 돌아오셨다. (「루가」 4:1)

> 사람들이 모두 세례를 받고 있을 때 예수께서도 세례를 받으시고 기도를 하고 계셨는데 하늘이 열리며 성령이 비둘기 형상으로 그에게 내려오셨다. (「루가」 3:21~22)

예수는 곧 성령으로 충만해졌으며 성령에 의해 인도되었다. 이 생각은 초기 그리스도교회에 모여 있던 사람들이 공유했고, 그들은 집회에서 모두의 위로 거룩한 성령이 내려와 사랑의 일체감으로 충만한 상태가 찾아올 때를 늘 기다렸다. 정통파 그리스도교도들은, 당시 사람들에게 내린 성령의 작용이 신적인 것이며 '아버지'로부터 직접적으로 온 것이라고 이해한다. 초기 그리스도교도들은, '아버지'와 '아들'과 함께 '성령' 또한 신적인 것이라고 주장했다.

4세기경에는 이것에 반대하는 '프네우마토코이

(pneumatochoi)=성령에 맞서 싸우는 사람들'이 등장하여 정통파와 격렬하게 충돌하기 시작했다. 이들은 만약 '성령'을 신적인 것으로 간주하면 '아들'과의 관계가 모호해진다고 주장했다. 그러나 사실은 샤먼적인 다신교 제의에서 사람들에게 강림하는 영의 작용과 지극히 유사한 영적 현상을 일신교 내부로 가져오면, 신의 단일성이 붕괴될지도 모른다는 두려움 때문이었을 것이다. 무엇보다 영은 약동하고 증식하며 확대하고 전염시켜 가는 것이다. 이것을 '아들'이 '아버지'와 동질적인 것처럼 보이는 관계로, 제압할 수 있을까? 그러나 초기 그리스도교는 '성령' 또한 '아버지', '아들'과 함께 신이 보이는 위격(페르소나) 중 하나라는 생각을 도그마로 확립했다.

이 시대의 대표적 견해를 보자.

믿는 자들의 마음에 머무르는 성령의 거처로 거듭나고자 열망하는 자는 한 번 (세례의 때에) 그들을 비추는 다가가기 어려운 빛을 쬔 자들로, 주께서 세례성사의 제정에 대해 명하신 것처럼, 스스로 태어난 신인 성부와, 그 '성부'에게서 나시어 '성부'와 함께 실재하시며 사랑받으시는 독생자 성자이신 말씀(로고스)과, 단 하나뿐인 그 '성부'의 실질(휘포스타시스 hypostasis)에서 시작도 끝도 없이 발출되는 성령을, 한결같이 우러러 받들지어다. (장님 디디모스Dydimus*, 『삼위일체론』, 아타나시우스 외 『성령론』)

성령은 신에게서 비롯되었지만 그 외 다른 모든 것(피조물)은 신에게서 비롯된 것이 아니다. 성령은 신에게서 나왔지만 성자처럼 탄생하지 않았고 입에서 숨결처럼 나온다. (바실리오스Basilius**, 『성령론』 18장 46절)

이렇게 그리스도교에서의 '유일신'은 '아버지'로서 '아들'을 산출(genesis)하는 것뿐만 아니라 스스로 안에서 '성령'을 발출(ekporeusis)한다. 이 얼마나 타우히드와 다른 사고인가. 이슬람적 사고는 (인지과학이 대뇌의 뉴런 네트워크를 횡단적으로 유동하는 지성이라고 부르고, 신학이 절대적 신의 지성이라고 부르는) 유동적 지성을 통해 초(超)생명적 과정의 성질에 주목한다. 이는 생명이 개체로서의 통일성을 만들고자 하는 성질을 넘어서 유동적 지성이 갖춰진 절대적 단일성을 강조한다. 그런데 그리스도교는 산출이나 발출의 개념을 단일한 신의 내부

---

* 313~398. 알렉산드리아의 신학자. 4세에 실명하여 '장님(caecus) 디디모스'라고도 불린다.
** 330?~379. 튀르키예 카파도키아 출신의 교부. 그가 쓴 『성령론』은 총 30장이며, 성령의 신성과 활동을 묘사하고 있다.

에 들여, 신과 생명과정을 이어 놓은 것이다. 생명은 개체성을 갖고 태어났다. 하지만 그 개체성 안에서 신의 표출인 단일성과 개체로서의 통일성은 하나로 연결되어 있다. 그리스도교는 이것에 '아들'의 산출과 '성령'의 발출을 삽입하여 표현하려 한 것이다. 일신교로서는 매우 독창적인 전개다. 그러나 이슬람과 같은 '지고의 일신교' 입장에서 보면 신의 단일성을 위협하는 일탈이나 다름없다.

이제 그리스도교는 이 '아버지'와 '아들'과 '성령', 삼자 관계를 확립하는 이론화 작업 단계로 접어든다. 토마스 아퀴나스의 '삼위일체론' 구축이다. 스콜라 철학은 이것을 다음과 같이 정의했다.

'아버지'는 유일신의 본질을 원천적(fontaliter)이며 원초적(primitive)으로 지니고 있다. 이것은 후에 이어지는 모든 것의 원천이자 원초이기에 풍요롭다. 이 풍요로움은 충일한 역능(力能)으로부터 뒤따르는 것을 유출한다.

이 '아버지'에게서 산출되어 유출된 것이 '아들'이다. '아들'은 지혜 또는 언어(로고스)로서 태어났다. 이 출현의 방식을 산출이라고 말하는 이유는 생물계에서 종을 보존하는 방법과 동일한 방식이기 때문이다. 생물은 산출을 통해 유전정보를 정확하게 다음 세대로 넘겨준다. '아버지'는 '아들'에게 이와 똑같은 방법으로 로고스를 넘겨주는 것이다. 생물에게 있어 유전정보는, '아버지'로서 행동하는 신의 말씀(로고스) 또는 지혜다. 여기서는 완전한 동일성이 유지된다. '아버지'의 로고스는 완전히, 조금도 빠짐없이 '아들'에게 전달된다. 동일한 것이, 늘어나지도 줄어들지도 않는 상태로 확실히 지속하며 전해진다.

이에 비해 '성령'의 출현은 발출이라는 방식을 따른다. 발출은 산출과 달리 같은 것을 전하지 않는다. 상업교환의 경우 동일한 가치의 교환이 원칙이다. 하지만 발출은 건너간 것이 돌아올 때 결코 같은 가치를 띠지 않는다는 증여의 방식으로 출현한다. 그것은 정확하게 계산하는 지혜의 방식이 아니라 늘어나거나 줄어드는 의지나 사랑의 방식을 따른다. '성령'은 선물(증여물) 또는 사랑의 방식으로 존재하고, '아버지'와 '아들'을 결합하는 작용을 일으키는 것이다.

'아버지'와 '아들' 관계에는 정보의 완전한 전달과 재생, 동일한 것의 순환, 완전한 등가성이 이어진다. 하지만 여기에는 '아버지'와 '아들'을 서로 결합하는, 유동하는 사랑의 힘인 '성령'의 작동이 있어야 한다. 어떤 피조물도 거기에 개입할 수 없기 때문이다. 오베르뉴의 기욤(Guillaume d'Auvergne)은 다음과 같이 쓰고 있다.

(……)(아버지와 아들을 결부시키는) 이 사랑은 성령이다. 그것

은 마치 성스러운 숨결, 한 방향에서 다른 방향으로의 상호 호의이며, 서로 숨을 불어넣는 것과 같고, 산출되는 것이 아닌 감미로운 것이다. 왜냐하면 사랑은 다른 것에 대한 사랑이며, 사랑은 사랑받는 사람 자신을 사랑하는 사람으로 만드는 것으로 인해 발출되기 때문이다. 따라서 선물은 사랑이며 사랑으로 스스로를 사랑하는 자에게 내주고 자신의 것을 사랑받는 자에게 주는 것이다. (……) 아들은 후손이 출생 그 자체에 의해 존재하는 것처럼 아버지로부터 발출된다. 나는 아들을 후손이라고 말한다. 그리고 아들은 아버지의 것인 우주의 주인이지만, 그것은 선물로서가 아니라 상속권과 자연권에 따라 우주의 주인인 것이다. 하지만 성령은 그 발출에 의한 다른 이의 선물로서 실제로 현현한다. (『중세사상원전집성 13권』, 「삼위일체론」)

주목할 부분은 성령의 본질이 증여론과 생명론의 언어로 회자된다는 점이다. 스콜라 학자들은 '아버지'와 '아들'의 산출 관계에 유전정보의 불후함, 동일물의 순환, 등가물의 교환 원리가 보이는 것에 비해 '아버지-아들'과 '성령' 사이에는 불확정성, 증여로서의 가치 변동성, 대가 없는 사랑의 원리가 작동하며 발출의 관계가 보임을 명확하게 이해하고 있었다. 그리고 산출이 생식이나 상속의 과정에 드러나고, 발출이 사랑이나 의지의 행위에 드러나는 것을 똑똑히 알고 있었다. 전자는 유전정보 보존을 위한 것이며, 후자는 타자에 대한 자기의 면역 기구를 해제하고 개방하는 사랑의 행위와도 같은 생명론적 과정에 상당한다는 것까지 이 학자들은 잘 알고 있었다.

그렇다면 문제는 '성령'이다. 그것은 증여이자 선물로서 나타난다. 증여를 가능하게 하는 것은 타자에 대한 사랑의 마음이다. 더 말해 보자면 열망이나 욕망인데, 모든 사랑과 욕망이 중의적인 것처럼 증여 또한 중의적이다. 그렇다면 증여 또한 대가를 목적으로 하는 '성물매매적' 행위로 한순간 타락할 위험성을 이미 품고 있지 않을까? 불확정적이지만 그렇기 때문에 풍요로운 증식성을 간직한 '성령'에는 순식간에 부당한 이윤을 추구해 가는 경제행위에 휩쓸려 갈 가능성도 있지 않을까? 이에 대해 오베르뉴의 기욤은 사랑과 상업의 친근성, 더 나아가 '성령'의 활동과 상업 사이의 내밀한 연관을 암시하면서 다음과 같이 쓰고 있다.

> (……) 사랑은 마음의 열망하는 형태이며, 우리에게 감정보다도 전에 맛보는 감미, 마치 지성의 입[언어]을 통해 감정의 위장 혹은 입천장으로 흘러 들어오는 감미로운 어떤 허기와 같은 것이다. 그리고 이러한 사랑은 성물매매적이며 보수로 가치가 매겨지는, 앞에서 네 가지 명칭으로 열거한 목적이 있는

것이다. 때문에 이는 뭔가의 가치를 '고가(高價)인가?' 하고 묻는 것처럼, 사랑 자체를 금전 차원으로 보는 것이다. 본래 진실을 말하자면 이러한 사랑은 진정한 사랑이 아니라 상거래이며, 성물매매적으로 뇌물을 받는 것이다. 왜냐하면 모든 사랑은 관계이며 관계는 타자에 대한 것이므로 누군가가 자기 자신을 사랑한다고 말하는 것은 본래 적합하지 않기 때문이다. 어쨌든 이러한 사랑은 사랑하는 사람의 선물이라 말할 수 없다. 오히려 이미 말했던 대가 중 사랑받는 사람의 가치에 상당하는 것이 어떤 사람에게 되갚아진다. 왜냐하면 모든 선물이 선물인 이유는 주어졌기 때문이며, 반드시 고가의 대가로서 돌아오기 때문은 아니다. 그러므로 자애로부터 대가 없이 나오는 것만이 선물인 것이다. (앞의 책,「삼위일체론」)

스콜라 학자들이 이런 문제에 극히 민감하다는 사실은 놀라울 수도 있다. 그러나 생각해 보자. 스콜라 학자들이 이렇게 '삼위일체론'을 구축해 온 시기에, 수도원 밖에서는 (혹은 그 내부에서도) 자본주의의 형성력이 강하게 태동하기 시작했다. 스콜라 학자들은 그들의 '삼위일체론'이 일종의 경제론적 사실로 언급되는 것을 알고 있었으리라. 그렇지 않다면 토마스 아퀴나스의 『신학대전』이 '삼위일체론'에 의거한 경제론 전개에 많은 분량을 할애한 이유를 설명할 수 없다.

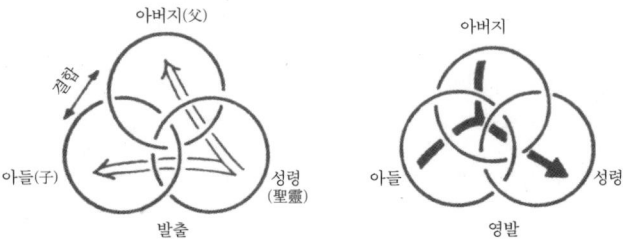

'보로메오(Borromeo)의 고리'로 결합(結合)된 '아버지(父)와 아들(子)과 성령(聖靈)'. 토마스 아퀴나스는 '성령의 발출' 내부를 '영발'(靈發, spiratio)과 '발출'(發出, processio) 두 양식으로 나누어 '성령'의 작용을 구체적으로 관찰하려 했다.

이것이 다가 아니다. '아버지'에 의한 '아들'의 산출은, 현실에 무한을 투입한다는, 칸토어에서 괴델(Kurt Gödel)에 이르는 거대한 문제계를 발생시킬 것이다. 그리고 '성령'의 발출 역시 자본의 본질을 둘러싸며 마르크스가 수립한 거대한 문제계를 만들어 갈 것이다. 괴델 문제계와 마르크스 문제계는 단순한 관계가 아니다. 말하자면 둘은 '삼위일체'가 형성하는 보로메오의 고리 같은 관계로 이어져 있는데, 스콜라 철학에서는 그 관계를 통일적으로 파악하고자 했다. 아무튼 여기에는 이미 현대의 모든 것이 맹아의 상태로 잠재했다고 말할 수 있다.

이렇게 우리 앞에 이슬람과는 근본적으로 이질적인 그리스도교적 일신교의 특질이 확실히 부상하게 되었다. 그리스도교는, '아버지'가 '아들'을 산출하고 '성령'이 발출되는 '삼위일체론'을 일신교적 기호론의 기초로 설정했고 이러한 구조 때문에 자본주의와 지극히 친화적이다. 이슬람은 일신교가 실현하고자 하는 '제1차 형이상학혁명'의 정신에 충실하고, 지고지순한 일신교의 형태를 타우히드를 따라 실현하고자 했고, 그러한 구조에 따라 자본주의와는 이질적인 경제 시스템을 만들어 발달시켰다. 이슬람은 '삼위일체' 구조를 신의 단일성 안에서 파악한 그리스도교를 계속 비판했는데, 그것은 동시에 자본주의와 그 내부에서 전개된 경제학 전부(거기에는 사회주의 경제학도 포함된다)에 대한 비판으로 이어지는 숙명을 지니고 있다.

5. 마르크스의 '성령'

고전파 경제학의 자본 이해에는 '삼위일체' 논리구조가 잠복하고 있다. 이를 마르크스는 어떻게 그토록 명료하게 직관할 수 있었을까? 몇 가지 이유를 생각할 수 있다. 우선 『자본론』 첫머리의 가치형태론을 구성하던 마르크스는 헤겔 논리학의 도움을 많이 받았는데, 그 헤겔 철학 중 삼위일체론의 '성령'에 대해 독일 신학(마이스터 에크하르트Meister Eckhart에서 야코프 뵈메Jakob Böhme에 이르는)이 전개한 독자적 사상이 큰 영향을 주었다. 바로 '자유상태에 있는 성령'(자유령自由靈)에 대한 신학인데, 헤겔은 이것을 논리학 구축을 위해 대대적으로 이용했던 것이다.

또 다른 이유는, 스콜라 경제이론이 중상주의와 중농주의에서부터 애덤 스미스에 이르기까지의 고전파 경제학에 직접적으로 영향을 주었기 때문이다. 슘페터(Joseph Schumpeter)와 돕(Maurice Herbert Dobb)이 밝힌 대로, 토마스 아퀴나스를 정점으로 하는 스콜라 경제이론의 사고방식은 고전파 경제학의 화폐·교환·이자·자본의 이해에 결정적인 영향을 미쳤다. 그것은 특히 공정한 교역을 둘러싼 교환론이나 이윤 발생에 대한 이해에서 드러난다. 스콜라 철학은 이자·이윤의 발생에 대해 그야말로 모순적인 태도를 보였는데, 이 모순을 고전파 경제학이 그대로 이어받는다.

가령 스콜라 경제이론은, 화폐란 투자만 하면 마치 땅에 파종된 씨앗이 곡식을 산출하는 것처럼 생산성을 발휘하지만, 본래는 불임이라고 말한다. 하지만 토마스 아퀴나스는 『신학대전』에서 "화폐와 꽃병 같은 과실이 돋는 모든 물건"에 대해 논하면서, 화폐는 종자처럼 생산물을 낸다고 말한다. 그 앞에서 화폐는 불임이라고 주장했는데도 불구하고 말이다.

여기서 스콜라 경제이론과 '삼위일체론'의 명료한 연계가 보인다. 가톨릭은 단일한 유일신의 내면구조에 대해, 이미 말한 것과 같이 '아버지'와 '아들'을 잇는 동질성(정보전달에 대

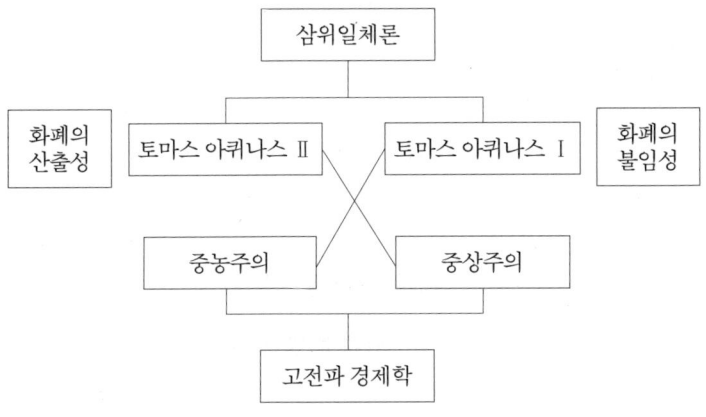

한 동일성의 유지)과 '아버지-아들'과 '성령'을 연결하는 불확정적 유동성 혹은 증식성이라는, 두 가지 성질의 결합이라는 이론을 수립했다. 전자의 성질은 화폐의 불임성 인식으로 이어지며, 후자의 성질은 화폐의 산출성 이치로 이어진다. 그러면 화폐론에서 토마스 아퀴나스는 두 사람의 토마스가 있는 것과 같다. 이는 두 가지 경향으로 분열되는 경제론으로 이어진다.

토마스 아퀴나스 I(화폐는 불임이라고 말하는 토마스)과 토마스 아퀴나스 II(화폐에는 산출성이 있다고 말하는 토마스)의 관계는 논리학에서 말하는 키아즘(chiasme)*을 따라 중상주의·

---

* 교차논리법, 메를로-퐁티(Maurice Merleau-Ponty)의 용어. 보는 것과 보이는 것이 상호

중농주의의 관계와 평행관계(parallel)를 이룬다. 중상주의는 화폐를 대지에 파종하면 종자를 증식시키는 생물처럼 여기지 않았다. 화폐는 생명을 갖지 않으며 추상적 가치를 표상하는 금속이라고 생각한 것이다. 그러나 이 금속은, 공동체 사이의 차이를 이용하여 그 경계 영역에서 가치를 증식할 수 있다. 다시 말해 차이에 따라서 화폐는 산출성을 발휘한다.

그와 반대로 중농주의는 화폐를 완전한 불임이라고 여긴다. 그러면서도 그들은 노동을 주입한 대지에서 종자의 증대로 인한 현실적 가치의 증식이 일어나고, 그것이 지대(地代)를 형성하여 이윤을 늘려 간다고 생각한다. 어느 쪽이든, 스콜라 경제론은 '삼위일체'적 사고의 구조를 따라간다(달리 말해, 타우히드를 중시하는 이슬람에서는 이러한 화폐론이 발생하지 않을 것이다. 아니, 이런 독성을 품은 화폐가 생겨나더라도 금방 뿌리 뽑아야 한다고 말할 것이다).

이런 사고는 고전파 경제학으로도 분명히 전해진다. 가령 리카도(David Ricardo)는 이윤을 낳는 자본을 '유동자본'과 '고정자본' 두 종류로 구별한다. '유동자본'은 썩기 쉬운 식료품처럼 내구성이 낮은, 금방 소비되고 회수되는 필수품 같은 것을 이른다. 구체적으로 말하면 노동의 대가인 임금 등을 말한다.

가역적으로 침식하여 합해지는 상태.

그에 비해 '고정자본'이란 공장에 설치된 생산기계처럼 천천히 소비될 수밖에 없는, 회수 기간이 긴 것을 말한다. 리카도는 거기서 '유동자본'은 노동의 대가이기에 자본을 증식시키지 않지만, '고정자본'은 노동과 관계없이 이윤을 낳는다고 생각했다. '유동자본'과 '고정자본'의 조합이 자본주의 사회의 구체적 생산 현장을 구성하고 있는데, 거기서 등가성('아버지'와 '아들'의 동질성)과 증식성('성령'이 행하는 사랑의 행위)이라는 두 원리가 하나로 결합되어, 마치 살아 있는 것처럼 자본주의 사회의 몸을 형성하는 모습이 그려진다.

이러한 고전파 경제학을 근본적으로 비판하려 한 것이 마르크스의 『자본론』이었을 것이다. 이를 위해 마르크스는 고전파 경제론에 내재하는 '삼위일체'적 사고방식을 완전히 상대화시켜, 그야말로 새로운 '외부의' 사고방식으로 경제 현상을 분석해야 했을 것이다(가령 타우히드 경제론과 같은 방식으로). 하지만 마르크스는 그렇게 하지 않았다. 자본 증식의 현장에 발을 들인 마르크스는 확실한 '삼위일체론'의 사고방식을 이용하여 거기서 일어나고 있는 것의 본질을 분석하려 했다. 『자본론』에서 가장 중요한 부분이다.

> [왜냐하면] 가치가 잉여가치를 덧붙이는 운동은 가치 자신의 운동이며, 가치의 증식이고, 그러므로 자기증식이기 때문이

다. 가치는 그것이 가치이기에 가치를 낳는, 신비로운 성질을 갖고 있다. 그것은 살아 있는 자식을 낳을 것인가? 아니, 적어도 황금알을 낳을 것이다. (……) 화폐는 모든 가치증식의 과정에서 그 출발점과 종점을 구성한다. 처음에는 100파운드스털링이었는데 지금 마치고 나서는 110파운드스털링이다 등등. 그러나 화폐 그 자체는 여기서 다만 가치형태 중 하나로 간주될 뿐이다. 왜냐하면 가치는 두 가지 형태를 갖기 때문이다. 상품형태를 취하지 않고서는 화폐는 자본이 되지 못한다. 따라서 화폐는 화폐 축적의 경우처럼 상품에 대해 저항적인 태도를 취하지 않는다. 자본가에게 모든 상품은, 설령 그것이 아무리 볼품없고 악취를 풍기더라도, 맹세코 진실로 화폐이며, 내적으로 할례를 받은 유대인이다. 나아가 그들은 상품이 화폐를 더 많은 화폐로 만드는 기적을 일으키는 수단이라는 것도 알고 있다.

단순한 유통에서 상품의 가치는 기껏해야 상품의 사용가치에 대응하여 화폐라는 독립적인 형태를 취할 뿐이지만, 자본의 유통에서는 그 가치가 과정을 거쳐 가면서 스스로 운동하는 실체로 홀연히 나타난다. 이 실체에 대해 상품이나 화폐는 모두 단순한 형태에 지나지 않는다. 이뿐만이 아니다. 이제 가치는 상품들의 관계를 나타내는 것이 아니라, 말하자면 자기 자신에 대한 사적 관계로 들어간다. 그것은 원(原)가치로서의 자신을 잉여가치로서의 자신과 구별한다. 즉 아버지 신으로서의 자신을 아들 신으로서의 자신과 구별하는 것인데, 아버지와 아들은 같은 나이이며, 사실상 둘은 한 몸이다. 왜냐하면 가불된 100파운드스털링은 단 10파운드스털링이라는 잉여가치에 의해서만 자본이 되는 것이니, 그것이 자본이 되자마자, 다시 말해 아들이 태어나 그 아들에 의해 아버지가 생기자마자, 양자의 구별은 다시 사라져 버리고 양자는 하나, 110파운드스털링이 되기 때문이다. (『자본론』제1권)*

여기서 마르크스는 종교학자가 몹시 흥미로워할 기술을 하고 있다. 화폐는 그 자체로 자본이 되지 않는다. 즉 화폐는 불임이다. 그런데 화폐가 일단 상품의 모습으로 변하면, 그때 화폐에는 불가사의한 산출력이 깃들게 된다. 마르크스는 이때 상품이 아무리 초라한 것이라도, 아무리 악취를 풍기는 것이라도(반유대주의적 빈정거림), 내면의 '할례'를 받은 것으로서 틀림없이 유대성을 갖추고 있다고 쓴다. 할례는 아직 정식 유대 공동체의 일원이 되지 않은 유아의 신체에 상징적 상처를 새겨서 그를 공동체의 구성원으로 만든다. 즉 사회적 존재가

---

* 한국어판. 카를 마르크스, 『자본 I-1 경제학 비판』 강신준 옮김, 도서출판길, 235~236쪽 참조.

되게 하는 것이다. 마찬가지로 교환가치라는 사회적 척도에 의해 '거세'당한 상품은 내면적으로는 유대교도, 즉 화폐라고 마르크스는 말한다.

그러나 화폐는 화폐인 한 자기증식을 할 수 없다. 상품이라는 '그리스도교도'가 되지 않으면, 몸에 산출성을 갖출 수 없는 것이다. 꼭 칸트나 마르크스의 '가족'이 그랬던 것처럼, 화폐라는 유대인은 세례를 받아 그리스도교도가 되지 않으면 가치의 산출력을 갖춘 상품이 될 수 없다. 더 정확히 말하면, 일단 가톨릭교도가 되어야 한다. 가톨릭의 도그마는 '성령'의 부정확성을 내포한 작용을 로고스(법)인 '아버지'와, 그와 동질자인 지상의 '아들'을 조금이라도 떨어질 수 없는 보로메오 고리로 만들어, 하나의 통일성 안에 구성한다. 이 보로메오 고리의 통일성은, 마치 정신분석학이 분열에 빠지지 않는 정신의 구조로 표현했던 것처럼, 고전적(현대의 프로테스탄트적 초자본주의에 비한다면 매우 절도 있다는 의미에서) 자본주의의 구조를 만들 수 있다. 그리고 『자본론』의 분석은 이 고전적 자본주의 형태의 표준을 만든 것이다.

유대적 화폐가 가톨릭적 상품으로 변모했을 때 비로소 자기증식이 가능하게 된다. 마르크스는 이 과정을 '삼위일체론' 용어로 설명한다. "그것은 원(原)가치로서의 자신을 잉여가치로서의 자신과 구별한다. 즉 아버지 신으로서의 자신을 아들

신으로서의 자신과 구별하는 것인데, 아버지와 아들은 같은 나이이며, 사실상 둘은 한 몸이다."

스콜라 철학 입장에서 보면, 마르크스의 이 문장은 조금 수정이 필요하다. 마르크스는 '아버지인 신'으로서의 자신을 '아들인 신'으로서의 자기 자신과 구별한다고 쓰는데, 이것은 양자(兩者)를 사랑의 힘으로 잇는 '성령'의 작용이 없으면 불가능하다. 왜냐하면 스콜라 철학의 이해를 따르면 '아버지'의 유전자는 조금의 어긋남도 없이 정확하게 '아들'의 유전자에 전달되며 이때 양자는 산출이라는 행위로 구별될 뿐이기 때문이다. 잉여가치분이 발생한다면 그것은 '성령'의 작용에 의한 것이어야 한다. '아들'의 존재를 통해 가치의 증식을 일으키는 '성령'의 숨결이 상품에 불어넣어지는 것이다. 그러므로 여기서 '아버지'와 '아들'의 관계는 화폐로 표현된다. 화폐는 상품의 형태를 띠자마자 이윤의 발생에 반대하는 모든 '프네우마토코이'(성령의 작용과 싸우는 사람들)의 도전을 거부하고, 결국 화폐-상품은 증식 가능한 상태로 변화한다.

따라서 마르크스의 이 문장은 다음과 같이 수정되어야 한다. '이제 가치는 상품들의 관계를 나타내는 것이 아니라, 말하자면 자기 자신에 대한 사적 관계로 들어간다. 그것은 원가치로서의 자기 자신을 잉여가치로서의 자기 자신에게서 구별한다. 즉 아버지 신과 아들 신을 통해 성령 신의 발출이 일어난다. 아버지와 아들과 성령이 이루는, 증식분을 낳는 삼위일체로서의 가치는 원가치로서의 자기 자신과 구별되는 것이지만, 잉여가치를 포함한 삼위일체도 원가치로서의 삼위일체도 같은 신이기에 바로 구별할 수 없게 된다.'

그러나 마르크스는 잉여가치 형성을 '삼위일체' 구조와 평행하게 사고하려고 한 것이 분명하다. 그렇더라도 어째서 마르크스는 이러한 '방주적(坊主的) 개념'*을 자본의 과학적 분석의 핵심부에 둔 것일까. 스즈키 잇사쿠(鈴木一策)는 이것을 "마르크스의 트라우마"라고 부른다. 스즈키는 「화폐의 마력: 마르크스의 트라우마」라는 제목의 논문(『環』, 2000년 가을호 수록)에서, 화폐에 은밀히 숨겨진 '마술성'의 본질에 대해 풀어내기 위해 마르크스는 굳이 (일신교의 구조에 이 '마술성'의 요소를 숨긴) 그리스도교적 가치이론의 골격을 이용해야 한다는 '트라우마'를 안고 『자본론』을 저술해 나갔다고 말한다. 그는 다음과 같이 쓰고 있다.

나는 마르크스에게서 트라우마를 읽는다. 그 트라우마에는 '화폐의 마술'이 숨어 있다. 자본의 기원(창세기)인 근면한 노

---

* 레닌이 말한 방주주의(坊主主義, Priestlore)에서 유래. 방주주의는 종교와 철학의 동맹 관계를 가리키는 말로, 신앙주의라고도 한다.

동과 생산된 상품에는 화폐의 마성을 짊어진 채 돈을 버는 유대인 정신이 스며들어 있다. 마르크스는 '추상적 인간노동'을 가치의 실체로 삼았다. 그러나 거기에마저 가치를 낳는 가치라는 화폐의 오컬트적 마술의 영기가 스며들어 성령이 출현했다. 바로 여기에 종래 마르크스주의가 마주한 뭔가가 있지 않았을까?

실제로 이전에 '성령'이 신의 작용이라는 주장에 반대했던 사람들은 '성령'의 작용이 일신교의 원리를 위태롭게 하는 마술적 본질을 지니고 있다고 비난했다. '성령'은 사랑과 의지에 의해 움직인다. 그리고 이 사랑과 의지는 로고스의 인식을 일으키는 지성의 움직임에 비해 훨씬 마술적 실천에 근접한 곳에서 생겨난다(앙드레 브르통의 『비법십칠』秘法十七, *Arcane 17* 등을 참고해 보자). 그리스도교는 사랑과 의지의 움직임을 '성령'으로서 신의 내적 구조에 편입시킨다. 이로 인해 그리스도교는 유대교에서도 이슬람에서도 구별되어 독자적 일신교의 도그마를 형성해 온 것이다. 그 덕에 신의 내적 구조를 생명과 상품의 내적 구조와 연관해 기술할 수 있도록 하는 것에도 성공했다.

가공할 '방주적 개념'이 아닌가. 그것은 확실히 포이어바

흐(Ludwig Andreas Feuerbach)*가 비판한 것처럼, 현실의 물질적 과정을 관념의 스크린에 어그러지게 투영한 것에 지나지 않을지도 모른다. 하지만 '방주적 개념'은 포이어바흐 자신의 '인간학적 유물론'이나 다른 여러 과학주의적 유물론이 기반한, 생명이나 상품에 대한 이해로는 도저히 도출할 수 없는 개념이기도 하다. 그러므로 논리학을 생명의 과정으로서 기술하고자 했던 헤겔은 이를 적극적으로 이용했다.

마르크스의 '성령'. 자본주의 사회에는 많은 '성령'이 배회하고 있다. 마르크스는 상품에 내재한 '성령'적 활동을 제거할 수 없는 것으로 보고, 그것을 출발점으로 하여 자본 분석을 시작한다. 그로 인해 『자본론』의 분석은 성공을 거두었지만, 자본을 해명하는 일 자체가 하나의 순환론으로 빠진 것도 사실이다. 자본을 해명해도 자본주의의 '외부'로는 탈출할 수 없는 것이다.

여기서 이슬람이라면 냉정하게 말할 것이다. 인류는 상품에 내재한 '성령'의 작용을 제거할 수 있다. 이슬람의 실험은 그것을 역사적으로 증명한 것은 아닐까? 타우히드로 화폐에서 발생한 독을 제거할 수 있는 것이다. '성령'의 증식 활동을

---

* 1804~1872. 독일의 유물론 철학자. 인간학의 관점에서 헤겔의 신학을 비판했으며, 마르크스와 엥겔스를 비롯한 동시대인들에게 강력한 영향을 주었다.

자본 해명의 기초로 삼아 설명하려 했던 마르크스가 확실히 그로 인해 외상(트라우마)을 입은 것은 사실이다. 그러나 '삼위일체'의 도그마야말로 일신교의 형성 즉 인류가 이루어야 할 '형이상학혁명'에 깊숙이 침투한, 되돌아갈 수 없는 외상이지 않을까?

정신분석학은 정신적 외상이 건망이나 억압을 만들어 낸다고 가르친다. 그것은 심적 장치가 거리를 두지 않을 정도로 흥분하게 해 주체를 괴롭힌다. 글로벌화된 자본주의가 추동한 흥분은 지금 이슬람 세계에도 깊숙이 침투해 그 세계를 위협하고 있다. 이러한 현대를 생각 없이 살지 않겠다고 마음 먹었다면, 우리는 더욱 깊이 상품의 내부에서 작동 중인 '성령'의 활동을 관찰해 봐야 한다.

*

마르크스는 화폐가 상품의 형태를 띠는 그때, 화폐 안에서 증식의 가능성이 생긴다고 말했다. 그런데 도대체 어떤 과정을 통해야 상품 안에 그러한 힘이 있게 되는 것일까. 마르크스는 '상대적 가치형태'와 '등가형태'라는 두 가지의 형태가 서로 만나는 장면에서 그 원초적 맹아가 부드럽게 일어서는 모습을 그려 낸다. 유명한 '아마포 20야드=웃옷 한 벌' 등식의 증명,

두 상품의 감동적인 만남 장면이다.

 웃옷 생산이든 아마포 생산이든 지출되는 건 결국 인간의 노동이다. 그러나 아마포와 웃옷의 사용가치는 매우 다르다. 아마포는 뻣뻣하고 저렴한 소재에 불과한 데 비해 웃옷은 '금장식'이 달려 있거나 멋지게 디자인되어 소비 욕망을 부추기는 제품이다. 그 두 상품이 서로의 가치를 헤아리고, 그에 알맞은 자신의 가치 사이에서 '아마포 20야드=웃옷 한 벌' 등식이 성립된다. 물론 각 상품의 배후에는 판매자와 소비자 역할을 하는 인간이 있다. 그 사람들의 의식 안에서 일어나고 있는 것이 문제다. 다만 이들은 수크(시장)*에서 거래하는, 알라의 타우히드를 늘 실천하는 (원리적인) 무슬림들이 아니라 자본주의 사회에서 일상을 살아가는 사람들이라는 점을 잊어서는 안 된다.

 그러한 웃옷이 아마포의 등가물이 되고 있는 가치관계 안에서, 웃옷 형태는 가치형태로서 인정된다. 그러므로 상품 아마포의 가치는 상품 웃옷의 신체로 취급되어, 한 상품의 가치가 다른 상품의 사용가치로 표현되는 것이다. 사용가치로서의 아마포는 웃옷과는 감각적으로 다른 물건이지만, 가치로서

---

* 수크(Souk)는 중동 지방의 야외 시장으로 바자르(Bazaar)라고도 한다.

의 그것은 '웃옷과 같은 것'이며 따라서 웃옷으로 보이게 되는 것이다. 이처럼 아마포는 자신의 현물 형태와 다른 가치형태를 받게 된다. 아마포의 가치존재가 웃옷과의 그 동등성으로 나타나는 것은, 그리스도교도의 양과 같은 성질이 신의 어린 양과의 그 등가성을 나타내는 것과 같다. (『자본론』)**

아마포의 가치는 그것과 사용가치가 다른 웃옷에 의해 상대적으로 '표현된다'. 그러므로 이것은 '상대적 가치형태'라고 말해진다. 이에 비해 웃옷은 자신의 매력적 사용가치로 인해 아마포의 가치를 '표현한다'. 이것은 다른 상품의 등가물로서 역할을 하기에 '등가형태'다. 중요한 것은, 상품은 '상대적 가치형태'에 관해서는 언제나 자신의 가치가 '표현되는' 입장이고, '등가형태'에 관해서는 다른 '상대적 가치형태'로 있는 상품을 '표현하는' 입장이며 그 입장은 뒤바뀔 수 없다. 따라서 어떤 상품도 동시에 두 가지의 형태를 가질 수 없다. 즉 이 등식은 어디서부터 보더라도 같다고 말할 수는 없는 것이다.

아마포의 가치관계 안에서 웃옷은 단지 이런 측면에서만, 단지 구체화된 가치로서만, 가치체로서만 인정된다. 단추까지

** 카를 마르크스, 『자본 I-1 경제학 비판』 109쪽 참조.

단 웃옷의 현신(現身)에 관계없이 아마포는 웃옷 안에서 동족의 아름다운 가치혼을 보는 것이다. 그렇지만 아마포에 대해 웃옷이 가치를 나타내는 것은 동시에 아마포에게 가치는 웃옷이라는 형태를 취하지 않을 수 없다. (『자본론』)*

여기서 마르크스는 짓궂게도 다소 에로틱한 표현을 한다. 도시 출신(아마도!) 웃옷이 점잔을 빼며 말쑥하게 단추까지 달고 나타났는데, 그 아름다운 모습에 감동한 시골처녀처럼 소박한 아마포는 상대에 대해 잘 알지도 못하면서 곧장 마음을 열고 웃옷에게 '동족의 아름다운 가치혼'을 보고 만다고 말하는 것이다. 여기서 '구체화된 가치'라 해석되는 것은 아마도 '성육신한 가치'라는 의미인 것 같다(스즈키, 「화폐의 마력」). 마르크스는 그리스도교적으로 표현하자면 '아들'인 예수가 그 몸에서부터 성스러울 뿐인 아우라를 발산하는 것, 다시 말해 '성령'의 호흡으로 몸을 가득 채우고 갈릴리 지방의 소박한 민중 앞에 모습을 드러내는 광경을 근거로 이런 표현을 한 것이다.

웃옷은 상품의 아우라를 몸에 두르고 '등가가치'로서 아마포 앞에 나타나고, 황홀해하는 시골처녀 아마포는 그 매혹

---

* 카를 마르크스, 『자본 I-1 경제학 비판』, 109쪽 참조.

적인 모습 안에서 소박한 아마포족의 '아름다운 가치혼'을 발견해 20야드라는 수량으로 자신의 가치가 '표현되는' 것을 바란다. 평범한 전원소설에 많이 나오는 것처럼, 아마포가 자신의 가치를 기꺼이 웃옷으로 표현하는 것이지 웃옷이 다가가 관계해 주며 부여한 등식이 아니다. 이것을 안 다른 촌 아가씨(다른 상품)들은 웃옷 자체가 스스로 아마포와 교환할 수 있는 능력을 자연스럽게 갖추고 있는 것처럼 생각하게 된다. 웃옷은 차차 다른 촌 아가씨 아마포와 관계를 맺게 된다. 이것은 바로 언제라도 상품을 살 수 있는 특수한 상품, 즉 화폐의 맹아를 보여 주고 있다. 웃옷은 아마포들에 대해 화폐와 같은 지위인 것이다.

화폐의 맹아는 이 '상대적 가치형태'와 '등가형태'의 불균형적 만남 안에서 발생한다. 이때 웃옷과 같은 '등가형태'를 가진 상품은 '상대적 가치형태'인 아마포의 가치를 '표현하는' 지위 즉 시니피앙의 지위에 서고, 이에 비해 '상대적 가치형태'를 갖는 상품은 '등가형태'를 갖는 상품에 따라 '표현되는' 지위, 다시 말해 시니피에의 지위에 선다. 그리고 언제라도 상대의 가치를 '표현하는' 지위에 있는 상품이 화폐와 같은 입장에 서는 것이 되는 셈이다.

이 화폐의 맹아가 나타나는 원초적인 장면에서 중요한 것은, 화폐로 결정화(結晶化)되어 가는 시니피앙 상품이, 시니피에 상품에게 유동적 아우라를 발산한다는 점이다. 매혹적인 시니피앙 상품에 시니피에 상품은 사랑을 품기 때문에, 자신의 가치가 그에 의해 '표현되는' 것을 바라는 의지가 있다. 화폐의 발생 현장을 포착한 이러한 마르크스의 분석의 뛰어난 점은, 화폐로 결정화되는 '등가형태' 상품에는 아우라, 유동성, 사랑(그것도 이 사랑은 불확정성을 품은 사랑이다), 의지, 욕망 등의 성질이 함께 살아 있다는 것을 명확히 했다는 것이다. 이것들의 성질은 스콜라 철학이 '성령'의 개념 안에서 찾아냈던 것과 다름없다.

화폐는 상품의 만남에서부터 발생하는 '특수한 상품'이다. 게다가 '아마포 20야드=웃옷 한 벌'로 상징되는 상품끼리의 만남과 상호 간의 평가에는 이미 시니피앙과 시니피에의 불균형이 일어나 유동성과 부유성을 내포한 시니피앙 상품은, 그 자체로 이미 가치증식이 일어나기 위해 필요한 능력을 갖추고 있다. 그러므로 화폐가 상품형태를 취했을 때 비로소 가치증식을 향한 운동이 가능하게 되었다는 최초의 표현은 절반만 맞는 것이다. 화폐는 특수한 상품으로서 이미 그 안에는 증식성에 대한 비밀스러운 의지가 잠재되어 있었고, 그 의지는 시니피앙으로서의 상품에 내재하는 유동성, 부유성에 의해 이미 준비되었다고 말할 수 있다.

여기서도 잉여가치의 형성에 대해 결정적 작용을 해온

'성령'의 작용을 볼 수 있다. 스콜라 철학은 '성령'이, 보로메오의 고리 모양으로 묶인 '삼위일체'의 구조 안에서 불확정성을 내포하고 사랑과 의지에 의해 돌연 움직여서 증여를 행하는, 일종의 과잉성을 구비하는 것이라고 본다. 이 '성령'이 격렬하게 발동할 때 시니피앙은 시니피에와의 유대가 해체되어 자유롭게 부유하기 시작하고, 이 부유 시니피앙이 상상계와 어울려 증식을 일으킨다. 이러한 과정의 맹아는 화폐-상품-화폐……유동체-결정체-유동체……의 변태 안에서 이미 완전히 준비되었다. 이렇게 우리는 자본주의에서 가치형태론의 모든 영역에 '성령'의 숨결이 관통하는 것을 확인할 수 있다.

마르크스가 『자본론』에서 상품에 대한 장을 쓰면서, 스콜라 철학 용어 특히 '삼위일체론'에 관한 용어를 빈번하게 사용한 이유는, 결코 현학 취미도 빈정거리기 위한 것도 아니다. 화폐와 상품과 자본을 분석하는 데 있어서 그 개념들은 마르크스에게 꼭 필요했던 것이다. 때문에 마르크스는 고전파 경제학과 스콜라 철학과의 직접적인 연결을 재확인하는 동시에 자본주의의 그리스도교적 본질을 암시하고자 했다.

그렇다면 이슬람인들은 별개로 치더라도, 자본주의가 현재 인류의 보편적 경제 시스템이자 그것의 본질이라고 생각하는 사람이 압도적인 이유는 무엇일까? 자본주의의 글로벌화는 다신교적인 아시아, 아프리카 세계마저 끌어들여 지구적 규모로 진행되고 있다. 이 자본주의의 글로벌화 현상은 자본주의의 본질을 결정한 그리스도교적 구조와는 모순되지 않을까?

여기서 그리스도교가 일신교의 모험정신에 박혀 있던 가시를 품고 있다는 사실을 생각할 필요가 있다. 그리스도교가 스스로의 본질로 표명했던 '삼위일체'의 구조를, '지고의 일신교'인 이슬람은 격렬하게 거부했다. 이슬람은 그 개념이 유일신의 단일성을 오염시키는 것을 우려했기 때문이다. '삼위일체'적 사고는 일신교 신의 내부구조에서 생명적 프로세스를 설치하는 굉장한 효과를 보이는데, 이슬람이 보기에 그것은 인류에게 일신교가 발생한 의의를 위협하는 것이었다.

오늘날 자본주의의 보편성이라고 말해지는 것은, 그리스도교가 (이슬람적 타우히드의 관점에서 보자면) 일신교의 순정한 도그마에서 일탈했기에 발생한 경제적 현실이다. 그 증거는 '성령'의 작동에 관한 기호론적 사고가 신석기시대 이래의 '인류' 전통에 뿌리박혀 있다는 사실에 있다. '성령'의 내력은 무척 오래되었다.

*

예배나 축제의 장에 모인 사람들에게 강림한 '영'이 사람들을 결속시키는 사랑의 힘으로 그들의 마음을 행복감으로 채울 뿐만 아니라, 곡물과 과실, 동물의 풍요로운 증식을 부른다는 생각은 그리스도교 시작보다 아득히 먼 옛날부터 있었다. 마르셀 모스(Marcel Mauss)가 『증여론』에서 다루는 것 대부분이 이런 유형의 '영'으로, 증여 행위가 일어날 때 사람들 사이에 유동하고 있는 것을 말한다. '영'은 사람 사이사이를 유동하며 뭔가가 풍요롭게 부풀어 오르고 증식해 간다는 감정을 낳는다. 또 그것은 신적인 존재가 인간에게 주는 선물로 체화(성육신)하여 생활을 물질적으로도 풍요롭게 한다. 레비-스트로스(Claude Lévi-Strauss)는 이런 유형의 '영'이 '부유하는 시니피앙'의 특징을 지닌다고 보았다.

> 마나(mana) 형태에 속하는 개념들은 분명 그것들이 존재하는 수만큼 다양하지만, 우리가 그것들을 가장 일반적 기능에서 고찰한다면(이미 살핀 것처럼 이 기능은 우리의 정신상태 안에서도 우리의 사회형태 안에서도 소멸되지 않는다), 틀림없이 일체 완결된 사유에 의해 이용되는(하지만 아직 모든 예술, 모든 시, 모든 신화적·미적 창조의 보증인) '부유하는 시니피앙'(signifiant flottant)을 표상한다고 생각한다. (『마르셀 모스 저작집 서문』)[*]

---

[*] 한국어판. 클로드 레비-스트로스, 『마르셀 모스 저작집 서문』, 박정호·박세진 옮김, 파이돈, 2023, 80쪽 참조.

마나 형태에 속하는 여러 개념은 말로 표현하고 싶은 감정을 자극하는 대상을 만났을 때라든가, 주위가 영위(靈威)로 가득 차 있는 상태라든가, 혹은 더 속된 사례라면 '오싹한 여자'와 만난 경우라든가, 아무튼 배후에 힘이나 위력이 작동하고 있는 것이 느껴지는 대상에 대해 말하는 지극히 보편적인 개념이다. 이런 경우 시니피앙과 시니피에 사이에 격차가 나고 과잉된 시니피앙이 의미의 버팀목을 잃고 부유하게 된다. 세계에 갖가지 다양한 유형의 '영'이 발동하면, 언제나 시니피에와의 결합을 잃은 시니피앙이 넘쳐나는 힘을 띠고 사람들 사이를 유동하는 것이 관찰된다. 뿐만 아니라 현대인마저 우수한 예술·시·신화를 체험하면 부유하는 시니피앙과 일체가 되어 유동하는 힘의 실재를 느끼게 되는 것이다.

마술이라는 행위는 이 유동적이고 부유하는 시니피앙, 다시 말해 힘을 조작하는 능력을 말한다. 또한 그러한 부유하는 시니피앙이 깃든 물건이나 인물에는 불가사의한 감각이나 영위가 깃들어 있다는 것이 느껴진다. 그럴 때 우리 안에서는 그러한 대상에 대한 '페티시즘' 욕망이 휘몰아친다. 이러한 직관에 의거하여 마르크스는, 상품에는 인간을 끌어들이는 주물(呪物) 숭배(페티시즘)의 힘이 있다고 쓴다.

페티시즘은 이미 '아마포 20야드=웃옷 한 벌'이라는, 상품끼리의 만남을 최소단위(atom)로 하는 상황에서 발생한다.

이때 웃옷(등가형태)은 아마포(상대적 가치형태)에 대해 시니피앙의 지위에 서고, 게다가 거기서는 거의 감지할 수 없는 정도의 미묘함으로('상품의 매혹'이라고 하는 녀석이다) 마나 형태에 속하는 개념이 작동하고 있음을 이해할 수 있다. 시니피앙과 시니피에 사이에는 결정적 차이가 존재한다. 그 가치를 메우는 형태로, 웃옷의 가치형태는 물이 불어나는 것처럼 부유하는 시니피앙을 몸에 두르게 된다. 화폐의 맹아가 싹트는 그 순간 일종의 마술이 작동하고 있는 것을 확인할 수 있다. 그리고 이때 상품의 가치형태 내부에 일어나는 어렴풋한 '부풀리는' 효과가 결국 전 상품세계에 파급되고 곧 화폐를 통한 잉여가치를 발생시켜 자본의 전체 운동이 개시되는 것이다.

바로 여기, 자본주의에 의해 만들어진 세계가 버추얼(Virtual)화되는 필연성이 있다. "자본주의적 생산양식이 지배적으로 일어나고 있는 사회의 부(富)는 하나의 '거대한 상품모임'으로서 나타나고, 하나하나의 상품은 그 부의 기본형태로서 나타난다." 자본주의 사회의 부의 기본형태인 상품은 그 세포에 이르기까지, 아니 그 분자나 원자에 이르기까지 부유하는 시니피앙의 발생장치로서 만들어지고 그러한 상품의 거대한 집적체인 사회는 상징계나 현실계와의 이음새를 상실해 가는 경향을 강하게 보인다. 그리고 사랑과 욕망에 의해 움직이는 부유 시니피앙은 쉽게 상상계와 관계하여 거기서 수많은 쾌감적인 이미지를 생산하게 될 것이다. 이렇게 "모든 예술, 모든 시, 모든 신화적·미적 창조"는 부유 시니피앙의 작용에서부터 태어난 것으로, 가장 매력적인 상품의 무수한 모습으로 변화해 간다.

그리스도교는 '삼위일체' 구조로 스스로를 만들어 내면서, 일신교의 도그마에 사이버네틱스 요소('아버지'가 '아들'에게 유전정보를 정확하게 전달하는 메커니즘)와 부유하는 시니피앙의 요소('성령'의 시행인 사랑과 의지로 가득 채워지는 증식의 메커니즘)를 조합하게 되었다. 전자는 화폐의 본질에, 후자는 상품과 자본의 본질에 연결되고 그것들이 보로메오의 고리처럼 결합해, 그리스도교적인 서구는 사회의 부를 상품의 집적으로서 태어나는 자본주의를 발달시키는 것이다. 거기서는 이미 "그리스도교도의 양과 같은 성질이 신의 어린 양과의 동등성[등가성]을 나타내는" 것과 같이, 상품에 내재하는 잉여가치를 낳고자 하는 성질이 신의 '삼위일체'와의 동등성으로 나타난다. 게다가 상품에서 체화되는 '성령'의 발동은 강렬하다. 이러한 자본주의 초기 프로테스탄트의 '자유영혼운동'(自由靈運動)이 보로메오의 고리에서 '성령'의 해방을 초래한 것처럼, 이윤의 추구가 목적이 된 사회에서는 모든 시니피앙이 법(로고스)과 현실세계(real)와의 연결을 잃고, 부유화하여, 결국에는 무의미하게 되어 가는 경향이 깊어지게 되었다. 즉 자본주의는 필연적으로 버추얼화되어 간다.

이슬람이 그리스도교적인 서구를 통렬히 비판하고 총력을 다해 반대하는 심층에는 이러한 일신교 내부 원리상의 핵심적 대립이 가로놓여 있다. 원리에 있어 이슬람은 일신교의 순정한 논리인 타우히드에 따라 상징계와 현실계를 직접적으로 결부시킨다. 그러면서 상상계(이것은 여성이기도 하다)에서 일어나는 시니피앙의 장난을 상징계에 단단히 핀으로 고정시키고, 이 현실세계를 확실한 의미로 채워 나가는 것이다.

이슬람의 논리는 세계가 버추얼화되어 가는 것을 용납하지 않는다. 바람의 산들거림도 빛의 반짝임도 그 자체로 알라이며 마음에 떠올라 걷잡을 수 없는 이미지도 알라의 의지가 나타난 것이다. 이슬람은 자본주의를 혐오하고 자신들의 세계에 그것이 침입하는 것을 중대한 악으로 본다. 원리에 있어서 이슬람은, 이윤을 낳는 풍요로운 사회를 거부하면서까지 의미로 가득 찬 세계를 선택하고자 하기 때문이다. 그 세계는 하나부터 열까지 직접적이다. 자본주의의 눈으로 본다면 더디고 가난한 사회로 비칠지 모르지만, 인간이 의미로 사는 생물인 한 더욱 풍요로운 세계라고 말할 수 있지 않을까.

이런 의미로, 그리스도교의 최대 축제가 크리스마스인 데 비해 이슬람의 그것이 라마단인 것은 지극히 상징적이다. 로마인의 농경 풍작제인 사투르누스 제의를 그리스도 탄생 기념일과 결부시킨 크리스마스는 전방위적으로 '증식'을 기원하는 축제다. 이 세상에 구세주가 출현했기 때문만은 아니다. 한겨울 시기를 선택한 이 축제에서는 여러 '영'이 들끓으며, 가면행렬과 함께 출현하는 죽은 자들은 영위(靈威)로 가득한 '부유하는 시니피앙'을 따라 활동하며 이듬해의 풍년을 약속한다. 자본주의 시대에 그야말로 크리스마스가 자본주의 자체를 끓어오르게 하는 축제가 되는 것이다. 이때 자본주의 사회에서는 산타클로스로 상징되는 '증여의 영'이 배회한다. 아이들의 머리 위에 호기롭게 증여의 정신으로 가득한 '성령'이 쏟아진다. 메리 크리스마스. 자본주의와 마찬가지로 크리스마스의 목적은 증식이며 '매일이 크리스마스'야말로 자본주의의 꿈이다.

같은 동절기(이슬람력 9월), 이슬람은 라마단 기간의 단식 의식을 축하한다.

사람들을 위한 인도로써, 인도의 분명한 증거로써, 또 기준으로 쿠란이 내린 것은 라마단 달[月]이다. 이 달에 집에 있는 자는 단식해야 한다. 환자나 여행중인 자는 다른 수일간 행해야 한다. 알라께서는 그대들에게 쉬운 것을 요구하시며 무리한 것을 요구치 않으신다. 그대들이 소정의 날수만큼 단식의 의무를 지키고, 그대들을 인도한 알라를 찬미하면 그만이

다. 어떻든 그대들은 감사하게 될 것이다. (『쿠란』, 2장 「암소의 장」 185절)

(……) 아부 후라이라(Abu Hurairah)에 따르면, 신의 사도는 말한다. "단식은 방패와도 같다. 단식을 하는 자라면 음란함에 빠지거나 무례한 일을 하지 말거라. 만약 다른 사람이 공격해 상처를 입었을 때는 '나는 단식하고 있다'고 두 번 정도 말하라. 나의 혼은 그 손을 내려 주시는 알라에게 있으며 단식하는 자의 입 냄새는 알라에게 있어 사향과 같이 상쾌하다. 알라께서 말씀하셨다. '그는 나를 위해 먹을 것, 마실 것, 그리고 모든 욕망을 끊었다. 그러므로 나는 그의 선행에 대해 충분히 보답할 것이다.'" (『하디스』, II 「단식의 서」)

여기서는 증식 반대가 칭송되고 있다. 욕망을 끊는 것, 그것을 할 수는 없더라도 욕망을 줄이는 것은 신을 기쁘게 한다. "그대들이 소정의 날수만큼 단식의 의무를 지키고, 그대들을 인도한 알라를 찬미하면 그만이다. 어떻든 그대들은 감사하게 될 것이다." 이때 단식자에게는 알라의 임하심이 똑똑히 직관된다. '일'(一)의 의지가 먼지나 티끌이 될 때까지 이 세계를 구성하는 모든 존재자의 신체에 침투해 있는 것을 이해하기 때문이다. "만약 다른 사람이 공격해 상처를 입었을 때는 '나는 단식하고 있다'라고 두 번 정도 말하라." 이슬람교도는 지금도 무함마드의 가르침을 따라 자신을 공격하는 자들을 향해 두 번은 물론 세 번이고 네 번이고, 자신은 단식하고 있다고 호소하는데, 크리스마스 제의 준비를 앞둔 (자칭) 그리스도교도들은 전혀 사정을 봐주지 않고 폭격을 가했다.

에필로그 — 수크에서

잘 오셨습니다. 여기 한 할릴리(Khān al-Khalīlī)의 수크는 카이로에서도 유수의 수크입니다. 특히 이 일대는 향수 상점이 앞에서부터 늘어서 있는 것으로 이름 높습니다. 아아, 일본인 손님도 잘 오셨습니다. 어떤 향수를 찾으십니까? 우리 가게는 존재하는 모든 종류의 향수를 갖추고 있습니다. 정말 존재하는 모든 종류입니다. 그것들을 조합해 새로운 향수를 만들지요. 아주 약간, 일 밀리그램만 차이 나도 정말이지 다른 향수가 탄생합니다. 기성품 말입니까? 그런 것은 없습니다. 손님은 한 사람 한 사람 좋아하는 것이 다르기에, 애초에 같은 상품을 다른 사람에게 팔지도 않습니다. 우리는 손님 한 사람 한 사람이 좋아하는 것이나 기호를 살핍니다. 그러고는, 뭐라고 할까, 상인의 감이라고 하면 될까요. 그 손님께서 떠올리시는 향에 딱 맞는 향수를 이 자리에서 조합합니다.

이 주변 상인들은 카이로 중심부의 미국화된 상인들과 달리, 절대 다른 사람과 같은 복장은 하지 않고, 같은 향수도 만들지 않고, 하물며 뭔가 유행한다고 해서 다른 사람처럼 유행품을 몸에 두르지도 않습니다요. 사람은 모두 다른 욕망을 가지고 있습니다. 알라께서는 정말로 위대하신 분이고, 자신을 같은 것으로 나타내시는 법이 없습니다. 그러니까 욕망은 천차만별입니다. 그 천차만별인 욕망에 따라 각각을 만족시키는 상품을 준비하는 것이 우리 상인의 일입니다.

다른 욕망을 품고 수크로 찾아오시는 손님에게 어딘가의 공장에서 대량생산되는, 그야말로 똑같은 상품을 강요하는 일 같은 것은 상인의 도를 벗어나는 저속한 행위입니다. 무엇보다 그래서야 상인으로 존재하는 의미가 없지 않습니까. 그런 상인은 단지 화폐로 자기 주머니를 채우고 재물을 쌓아 두고 싶을 뿐인 놈으로, 손님에 대해서도 상품에 대해서도 진지한 생각을 조금도 하지 않는 사람입니다.

저는, 아니 저만이 아니라 여기 있는 가게의 주인들은 누구라도 그렇게 생각하고 있는데, 저는 상인이란 하나이면서도 각각 다른 손님의 욕망과 이곳의 천차만별 다른 상품을 만나게 해 쌍방이 '아아, 좋은 만남이었다'라고 기뻐하며 상품을 사는, 그런 만남을 실수 없이 준비해 보이는 인간이라고 생각합니다.

정가 표시는 어디 있냐고요? 그런 것은 없습니다. 손님과 상품의 만남은 계속해서 얼굴을 변화시킵니다. 어떤 만남이라도 미묘하게 변화하는 것입니다. 그런 변화를 내포한 것에 '다른 인간'이 제멋대로 정가를 정하면 어떻겠습니까. 과연 그게 좋을까요? 수크의 상품이란 제비뽑기 게임 같은 것입니다. 그때그때 계속해서 새로운 국면이 열리면 어디로 갈지를 사전에 결정을 할 수 없는 게임인 것입니다. 잘 되지 않으면 손님은 사지 않고 가 버리고 말 것이고, 잘 되면 손님은 기쁘게 교섭의 결과로 정해진 값을 지불하고, 마음에 든 상품을 갖고 돌아가시게 되겠죠.

어떻습니까. 재밌지 않습니까. 조금 품이 들기는 합니다만 이것이야말로 인간이 품고 있는 욕망과 상품 사이의 매우 정직하고 좋은 만남의 방식이라고 생각하지 않습니까? 아아, 장황하게 말을 늘어놓고 말았습니다. 손님께서 어떤 향수를 바라시는지, 생각해 보지 않고 있었군요. 이제 주문하시겠습니까? 그럼 우선 이 향을 맡아 보십시오……

이슬람은 긴 역사를 통해 인간이 사는 세계 구석구석까지 일관된 원리를 침투시키려 했는데, 그 원리가 무엇보다 인상적으로 드러난 것이 전통적인 수크에서 지금도 행해지고 있는 상업의 방식이다. 이슬람은 일신교의 원리에 충실해 화폐나 상품 사이에 설정된 시니피앙의 부분을 '마술적'으로 조작해 거기서 부당한 이윤을 획득하는 것을 엄하게 금해 왔다. 이슬람은 '아마포 20야드=웃옷 한 벌'이라는 상품 교환의 가장 원초적인 장면에서 자연스럽게 작동하기 시작해, 상품으로서의 화폐를 낳을 뿐만 아니라 그 화폐가 화폐를 낳아서 가치증식의 과정이 일어나는 의미심장하고 미묘한 경제학적 분석을 깊이 이해하고 있다. 그러므로 우선 이 원초적 장면에서 자본주의로 향하는 길을 견고하게 걸어 잠근 것이다.

마르크스가 분석한 '아마포 20야드=웃옷 한 벌'에서는, 매혹적 상품인 웃옷이 '등가형태'로서 '상대적 가치형태'인 아마포의 가치를 '표현하는' 입장에 서는 것이 자본주의의 맹아를 낳는 최소단위 세포였다. 이슬람의 원리는 이 세포에 개입해 잉여가치 발생의 프로세스를 최소한으로 제어하고자 한 것이다. 그를 위해서는 아마포와 웃옷이 일체의 '마술적 불어남'을 배제한 상태에서 완전히 대등하게 만나야 할 것이다. 즉 욕망과 상품이 대등하게 만나는 상황이 시장의 최소단위인 손님과 상인의 만남의 장에 실현되지 않으면 안 된다. 그렇지 않으면 자본주의와 다른 이슬람 경제의 실재라는 것은 단지 환상에 불과하고 말 것이다.

이슬람의 전통적 경제장소인 수크에서는 실제로 그것이 행해지고 있고, 현실에 일어나고 있는 것이다. 수크에서 일어나는 상업 실태에 대한 뛰어난 연구를 거듭해 왔던 구로다 도시오(黒田壽郎)는 수크 상업의 본질을 스피노자적 사고를 정교하게 원용해 다음과 같이 설명한다.

> 여기서 수크의 특징을 간단히 일별해 보자. 좁은 통로 양측에는 협소한 상점들이 시끌벅적하게 모여서 동일한 상품을 판매한다. 예를 들어 의류 시장에는 같은 상품을 취급하는 작은 점포가 어깨를 나란히 하고 있는데, 자본의 크기에 상관없이 상점의 크기는 일정하다. 광고나 선전은 전혀 없으며, 박리다매 대량생산이 통용되지도 않는다. 상품의 규격화·획일화라는, 하나의 상품에 하나의 가격이 책정되어 정가를 토대로 거래를 성립시키면서 상행위가 '사람'에게서 유리되거나 비약될 만한 계기는 당연히 배제되어 있는 것이다. 여기서 소비자는 다양한 심급의 한없이 차이 나는 욕구를 지닌 채 나타나며, 상품 측에도 그것에 응하기 위해 마찬가지로 차이성을 띠고 나타난다. 한없이 차이 나는 소비자의 욕구와 상품을 결합하는 데는 단순한 가격의 파수꾼이 아니라, 이 복잡한 관계를 적확하게 결부시키는, '사람'으로서의 숙련된 상인의 존재가 필요하다. 다양한 심급에 속하는 이질적인 상품이 나타나는 장에서 (……) 가장 중요한 것은 상인에 대한 신용이다. 그리고 신용을 기대받는 전통경제에서 상인들은 그에 걸맞게 살

며, 스스로의 직업에 확고한 긍지를 안고 있다. '시장에 상품을 가져오는 자는 신에게 상을 받는다.' 여기서는 프로테스탄트의 윤리와는 다른 종류의 이슬람적 가치관이 그들의 생업을 아래에서부터 강하게 지배하고 있는 것이다. (……) 대량생산, 대형 유통기구, 상품의 규격화, 정가에 따른 거래, 인위적 욕망의 창출. 수크의 전통경제는 이러한 종류의 '사람'의 단위성을 넘어선 근대자본주의 특유의 기능적 발전을 엄격히 거부해 오고 있다. (구로다 도시오, 「『이슬람 경제론』해제」)

이러한 경제에서 약육강식은 거의 일어나지 않는다. 경제행위 장면에서도 상징계와 현실계의 직접적 일치의 원칙이 지켜지기 때문에, 현실보다 더욱 비대한 이미지를 조작해(상상계가 불어나는 조작), 유행을 만들어 소비자 욕망의 코끝을 잡고 돌아다니는 일은 일어나지 않고 거대자본이 제공하는 규격화 제품에 사람들의 욕망이 빨려 들어가는 것도 일어나지 않는다. 실제로 전통적 수크가 기능하는 곳에서는 상인들이 평화롭게 공존하며, 가까운 곳에 거대자본의 슈퍼마켓이 진출하는 것을 단호한 태도로 용납하지 않는다(앞의 글).

수크의 상인과 그들을 지지하는 소비자들은 지역공동체의 원리를 믿고 자본주의에 대항하는 다른 경제 시스템을 지키려는 것이 아니다. 이슬람의 그러한 생활윤리는 자기증식에 대한 일신교적 비판 원리라는 이슬람 세계 공통의 사고가 지탱하고 있다. 그 사고의 소립자 차원에 이르기까지의 일관성을 명명하는 것이 타우히드이며 알라에 대한 신앙인 것이다. 거기서는 인간의 자연적 지성이 만들어 내고야 만 세계에 대해 하나의 투철한 비판 시스템이 작동하는 것을 볼 수 있다. 이슬람이란 그 존재 자체가 하나의 '경제학 비판'인 것이다. 원리로서의 이슬람은 거대한 한 권의 살아 있는 '녹색 자본론'이다. 자본주의의 '타자'는 이 지구상에만 실재한다. 이슬람은 우리의 세계에 있어 잃어서는 안 되는 거울이다.

인용·참고문헌

『旧約聖書 律法』(関根正雄 訳), 教文館, 一九九三年. (『공동번역성서』, 대한성서공회 성경 편집팀, 대한성서공회, 2017.)

『日亜対訳 注解聖クルアーン』, 日本ムスリム協会, 一九九六年. (『코란(쿠란)』, 김용선 옮김, 명문사, 2002.)

『ハディース』(牧野信也 訳), 中央公論新社, 二〇〇一年.

渡辺善太, 『「出エジプト」以前』, 日本基督教団出版局, 一九七二年.

『中世思想原典集成11―イスラーム哲学』(上智大学中世思想研究所 編訳·監修), 平凡社, 二〇〇〇年.

『中世思想原典集成13―盛期スコラ学』(上智大学中世思想研究所 編訳·監修), 平凡社, 一九九三年.

アタナシオス·ディデュモス, 『聖霊論』(小高毅 訳), 創文社, 一九九二年.

ムハンマド・バーキルッ=サドル, 『イスラーム経済論』(黒田壽郎 訳), 未知谷, 一九九三年.

黒田壽郎 編, 『イスラーム経済―理論と射程』, 三修社, 一九八八年.

中田考, 『イスラームのロジック. アッラーフから原理主義まで』, 講談社, 二〇〇一年.

ジャック・ル・ゴッフ, 『中世の高利貸―金も命も―』(渡辺香根夫 訳), 法政大学出版局, 一九八九年. (자크 르 고프, 『돈과 구원』, 김정희 옮김, 이학사, 1998.)

片山寛, 『トマス・アクィナスの三位一体論研究』, 創文社, 一九九五年.

ジョン・M・ケインズ, 『雇用・利子・および貨幣の一般理論』(塩野谷祐一 訳), 東洋経済新報社, 一九九五年. (존 메이너드 케인즈, 『고용, 이자 및 화폐의 일반이론』, 조순 옮김, 비봉출판사, 2007.)

カール・マルクス, 『資本論』第一巻, 大月書店, 一九六八年. (카를 마르크스, 『자본 I-1』, 강신준 옮김, 도서출판길, 2018.)

飯塚一郎, 『貨幣学説前史の研究』, 未来社, 一九六九年.

鈴木一策, 「貨幣の魔力―マルクスのトラウマ」, 『環』秋号, 二〇〇〇年.

クロード・レヴィ=ストロース, 「マルセル・モース著作集への序文」, モース, 『社会学と人類学 1』, 弘文堂, 一九七三年. (클로드 레비-스트로스, 『마르셀 모스 저작집 서문』, 박정호・박세진 옮김, 파이돈, 2023.)

スティーブン・ミズン, 『心の先史時代』(松浦俊輔+牧野美沙緒訳), 青土社, 一九九八年. (스티븐 미슨, 『마음의 역사』, 윤소영 옮김, 영림카디널, 2001.)

Henry Corbin, *Le paradoxe du monotheisme*, L'Herne, 1981.

François Regnault, *Dieu est inconscient*, Seuil, 1985.

슈토크하우젠 사건

―안전영역에 포섭된 예술의 시련

최근 독일의 작곡가 카를하인츠 슈토크하우젠(Karlheinz Stockhausen) 씨를 엄습한 재난만큼 이 시대의 병증을 명확하게 보여 주는 것도 없을 것이다. 이 사건은 언론이 만들어 냈고, 그 후에도 언론은 왜곡된 현실만 전했으므로, 우선 사건 경과의 줄거리를 소개할 필요가 있겠다.

73세의 작곡가 슈토크하우젠 씨가 함부르크 공항에 도착한 것은 (2001년) 9월 16일 저녁이었다. 작곡가가 공항에서 호텔로 가는 택시에서 본 것은 도로를 온통 도배한 포스터들이었다. 대부분은 투표일이 다가오고 있는 이 도시의 시의회 선

☆ 이 글 제목의 '안전영역'(安全領域, safe sphere)은 『실재의 사막에 오신 것을 환영합니다』에 나오는 지젝(Slavoj Žižek)의 개념이다. 나카자와 신이치는 안전구체(安全球體)라고 썼다.

거 포스터였는데, 그와 함께 함부르크 음악제 개최를 알리는 아름다운 포스터도 눈길을 끌었다. 함부르크에서 개최하는 이 유명한 음악제의 올해 테마는 '우주'(WELT-RAUM)*, 중심은 슈토크하우젠 씨 작품이 연이어 연주되는 대규모 연주회였다.

이미 오케스트라 악단원도 유럽 각지에서 모였고, 다음 날부터는 본격적인 리허설이 예정되어 있었다. 이번 음악제처럼 자신의 작품이 한꺼번에 연주되는 기회는 이 현대음악의 거장에게도 처음인 일이었기에, 그날 준비된 북적북적한 기자회견을 앞둔 그는 좀체 흥분을 감추지 못했다.

늘 그렇듯 기자회견은 예정보다 조금 늦은 6시 15분에 시작되었다. 애틀랜틱 호텔에서 열린 기자회견장에는 우주공간 사진으로 아름답게 디자인된 대형 포스터나 프로그램이 몇 장 붙어 있었고, 십수 명의 기자단에 둘러싸여 질문을 받는 슈토크하우젠 씨는 더할 나위 없이 기분 좋아 보였다. 그 남자, 〈북(北)독일 라디오〉의 디렉터 J. 슐츠가 질문을 하기 전까지는.

기자들의 질문은 이 음악제에서 공연이 예정되어 있는 난해한 대작 「빛」(Light, 작곡가는 이것을 일본어 히카리Hikari라고

---

* 우주(WELT-RAUM) : WELT는 세상, 세계, 뭇사람이라는 뜻. RAUM은 공간, 구역이라는 뜻이다. 또 WELTRAUM은 우주공간을 의미한다. 신이치는 이를 '외부공간'(外部空間)이라고 번역했는데, 포스터나 기자회견장에 붙어 있는 우주공간 사진들에 따르면 '우주공간'(space)을 뜻하는 것으로 보이므로 '우주'로 번역한다.

슈토크하우젠 사건—안전영역에 포섭된 예술의 시련 **143**

부르기를 선호한다) 시리즈로 옮겨 갔다. "당신에게 있어 빛이란 개념은 어떤 의미입니까?"라는 기자의 질문에 답하던 슈토크하우젠 씨는 다음과 같이 말했다.

> 작곡가 : "……그러니까 그때 이후로 이 거대한 작품은 히카리(Hikari)라고 불리게 된 것입니다. 전 세계에서 일어나고 있는 사건이, 총 28시간 동안 연주되는 이 작품 안에 출현합니다. 물론 거기에 나타난 테마들을 시간 안에 그릴 수는 없습니다만, 그것은 음악과 대천사 미카엘의 모습을 통해 청자의 시간적 의식 질서에서 포착될 것입니다. 미카엘은 이곳 유럽과 독일에서, 하늘의 신을 위해 그런 일을 하고 있습니다. 이브는 생명의 어머니이며 루시퍼는 빛의 왕자입니다. 이 둘이 거대한 규모의 세계혁명을, 우주혁명을 발생시킵니다. 언제나 그렇듯 슈토크하우젠은 미쳐 있는 거죠.……"
> 기자 : "말은 그렇게 하지만, 당신은 어쩐지 기분이 좋아 보이는군요."

회견의 분위기는 시종 화기애애했다. 주로 이야기된 것은 천사에 관한 것이었다. 작곡가는 자신에게 천사란 지식과 교양이 아니라 생생한 현실성을 갖는 문제라고 했다.

> 작곡가 : "나는 매일 미카엘에게 기도합니다. 하지만 루시퍼

에게는 절대 기도하지 않습니다. 루시퍼는 지금도 활동을 계속하고 있으니, 절대 기도하는 흉내조차 낼 수 없습니다. 아, 루시퍼는 그때(9월 11일) 뉴욕에도 출현한 모양이니까요."

잠깐 한가한 질문이 이어진 후, 돌연 슐츠 씨가 입을 열었다.

슐츠 : "당신은 확실히 뉴욕 테러 사건을 화제(話題)로 삼았군요. 당신은 자신의 작품에 대해 쓴 글에서 음악은 인류의 조화를 들려주는 것이라고 했죠."
작곡가 : "그렇습니다."
슐츠 : "그런데도 당신은 '뉴욕의 루시퍼'라고 말했습니다. 이렇게 이해해도 되겠죠."
작곡가 : "괜찮습니다."
슐츠 : "당신은 최근 일어난 그 사건에 대해 개인적으로 어떻게 생각합니까? 특히 이제 연주할 작품에서 인류의 조화에 대하여 말한 사람으로서, 그 사건을 어떻게 보고 있습니까?"

여기서 슈토크하우젠 씨는 입술을 깨물었다. 눈물을 참는 것처럼도 보였다. 그리고 이렇게 말했다.
작곡가 : "그 사건에 대해서는……여러분, 잠시 머리를 비워

주십시오.……그것은 최고의 예술작품입니다.……나는 루시퍼가 일으킨 전쟁 예술과 파괴 예술의 소름끼치는 효과에 놀랐습니다."

슐츠 : "당신은 그 루시퍼의 예술작품을 범죄로 보십니까."

작곡가 : "물론입니다. 그것은 틀림없는 범죄입니다. 죄 없는 사람들이 거부할 틈도 없이 대량으로 살해당했으니까요. ……영적으로 본다면 이러한 안전에서의 이탈, 자명성에서의 이탈, 일상생활에서의 이탈은 이따금 예술의 세계에서도 일어나는 것입니다만, 그러한 것에는 가치가 없습니다. 하지만 지금 말한 것은 오프더레코드로 해주세요. 오해받으면 곤란하니까요. (여기서 기자단은 동의를 표하는 것처럼 일제히 고개를 끄덕였다.)"

잠깐의 침묵 후 슈토크하우젠 씨는 위험한 질문을 갑자기 자신에게 던진 기자에게 말했다. "당신은 나를 어디로 끌고 가려는 것입니까. …… 혹시 당신은 음악가입니까?" 슐츠 씨는 그런 적도 있었다고 대답했다. 거기서 작곡가는 놀리는 어조로 말했다. "아마도 당신이 루시퍼로군요."

불행히도 작곡가의 이 예언은 적중한다. 실제로 그 후의 행동을 본다면, 슐츠 씨는 그야말로 파괴의 왕자 루시퍼처럼 움직였다. 녹음기를 성급하게 조작했음에도, 슐츠 씨는 의도

했던 말을 받아 내는 데 성공한 것이다(그 자신도 이렇게 훌륭하게 하리라고 생각하지 못한 듯싶다). 그렇게 그날 저녁 〈북독일 라디오〉는 뉴스에서 "함부르크 음악제 기자회견에서 작곡가 슈토크하우젠 씨가 입에 담은, 믿기 어려운 비인도적 발언"을 대대적으로 보도했다. 게다가 발언의 전후 맥락을 절묘하게 잘라 내어, 마치 세계무역센터 사건에 대한 감상을 요구받은 작곡가가 태연히 "그것은 최고의 예술작품입니다"라고 발언한 것처럼 훌륭하게 세공하여 방송했기 때문에, 그 보도는 슈토크하우젠 씨와 함부르크 음악제에 확실한 치명타를 입혔다.

다음 날, 불안을 안고 리허설 회장에 나타난 슈토크하우젠 씨는 (보도 때문에 뭔가 성가신 사태가 일어나기 시작했다는 이야기를 전날 밤 매니저에게서 들어) 몹시 불쾌한 얼굴의 주최자로부터 어제 기자회견에서 발언한 것 때문에 4회로 예정되어 있었던 당신의 작품 연주회가 모두 취소되었다는 통보를 받았다. 그로부터 사태는 급속히 악화일로로 접어들어 몇 시간 뒤에는 함부르크 음악제 자체가 중지되는 지경에 이르렀다.

작곡가는 한 번 기자회견을 열고 싶다, 그러면 오해를 풀 수 있다, 라고 주최 측에 탄원했지만, 소용이 없었고(이 냉담함의 원인은 주최 측 대표가 며칠 후 열리는 시의회 선거에 입후보했기 때문이라는 소문이 뒤에 돌았다), 그날 바로 함부르크에서 쫓겨나고 말았다.

그날부터 슈토크하우젠 씨에게 사회적 공격의 칼날이 차례로 엄습했다. 독일 텔레비전 방송국들은 이 사람에 대한 보이콧을 공공연히 선언하였고, 방영이 예정되었던, 작곡가의 생활과 신조를 말하는 다큐멘터리 프로그램도 갑자기 취소되었다. 슈토크하우젠 씨는 매스컴을 통해 몇 번이고 해명했다. 그러나 전후 사정을 고려하면 이번 사건이 한 음악 라디오 프로그램 디렉터의 음모 때문이라는 것은 명백하고, 그 사실을 당시 기자회견장에 있었던 다른 언론사의 기자들도 실제로 목격했을 텐데, 어떤 매스컴도 이를 지적하지 않았다. 매스컴은 이 세계적 전위작곡가가 기자회견에서 했던 말을 취소하고 사죄했다고만 보도했다.

매스컴이 한 일련의 행동을 정신분석학적으로 추론해 보자면 슈토크하우젠 씨의 (일부) 발언은 그야말로 매스컴 스스로가 말하고 싶은 내용이었다. 하지만 그 당시 그렇게 말하는 것은 아무래도 위험하다는 것을 충분히 알았던 매스컴은 '예술가'라는 사람들의 입을 빌려 그 내용을 **말했던** 것이 아닐까. 그뿐 아니라 책임은 모두 '예술가'에게 떠넘기면서, 자신들은 사회적으로 정의로운 장소에 있음을 보이려고 한 것은 아닐까. 일찍이 음악가를 지망했으나 '예술가'는 되지 못한 이 디렉터는 슈토크하우젠 씨의 말을 통해서 자신의 욕망을 표현하고자 했으며, 그 욕망은 매스컴의 것이기도 했기에, 그들은 그 후

작곡가에게 닥친 재난에 대해서 객관성조차 띠지 않고 냉담한 태도를 취한다, 이것이 그들의 본심 아니겠는가.

*

그렇다면 이 사건은 현대 예술이 놓인 상황에 대한 극히 시사적이고 교훈적인 내용을 내포하고 있다. 우선 지적해야 하는 것은, 오늘날에는 양의적(兩義的)으로 사고하거나 양의적인 의미로 발언하는 것이 극도로 위험한 행위가 되고 있다는 점이다.

슈토크하우젠 씨는 예술가답게 모든 것을 양의적으로 파악하는 습관을 갖고 있었다. 그 사고방식에 따르면 '빛'은 양의적이다. 사물의 내부에 숨겨져 있는 것을 빛으로 끌어내기, 이것은 '진리'를 드러내는 사고의 행위인 동시에 그렇게 빛으로 끌린 것을 계량하고 계산하여 에너지나 유용한 운동으로 변환하는, 기술 행위의 본질을 표현하는 일이다. 빛의 대천사가 미카엘과 루시퍼로 분열되어 있는 것처럼, 야훼의 것이자 알라의 것인, 진리와 정의를 구하는 계몽의 빛 또한 자신의 내부에서 무자비한 파괴력을 갖고 존재를 출현시킨다. 그것이 루시퍼의 의미이며 세계무역센터에 돌진한 항공기가 상징하는 것이다.

예술 또한 양의적이다. 예술은 안전함이나 물질적인 풍요로움으로 보호받는 세계에 언제나 도전한다. 그것은 일상생활의 루틴에서 탈출을 모색하여, 사람들이 붙잡혀 있는 환영의 베일을 걷어 내어 현실(real)을 출현시키려는 일탈적인 모험을 시도한다. 예술은 치유나 편안함을 추구하지 않으며 그 내부에서는 도발과 파괴의 가능성을 안고 있다. 실험 정신으로 가득한, 20세기 유럽의 수많은 격동을 체험했던 73세 예술가는 이러한 양의적 인식에서 "그것은 최고의 예술작품입니다"라는 발언을 내뱉은 것이다. 이전 사회에서는 예술가와 사상가가 하는 이러한 양의적 사고를 허용하고 지성이 흘러넘치는 발언을 상찬해 왔다. 하지만 이제 사회는 그것을 허용하지 않는다. 풍요로움과 위태로움을 품은 양의적 사고는, 특히 저널리즘에서 가장 적당한 먹잇감이자 적이 되었다.

*

오늘날 글로벌화된 지구상의 인류는 압도적으로 풍요로운 세계와 압도적으로 가난한 세계로 양분되어 있다. 물질적으로 풍요로운 세계는 잠재적 테러리즘의 위협에 말려들자 모든 조직을 네트워크로 연결하여 세계를 안전하고 풍요롭게 유지하기 위해 신경을 곤두세운다. 슬라보예 지젝은 이를 '안전영역'

이라고 부른다. 슈토크하우젠 사건은, 이 안전영역 안에서 예술을 비롯한 모든 양의적 인식이 점점 생존 영역을 잃어 가고 있다는 것을 명확하게 보여 주었다.

풍요로운 세계는 자신들의 생활권역을 '쾌락원칙'에 따라 구성하기 위해 다양한 방책을 세운다. 모든 생명체는 자신들의 생활권역을 쾌락원칙에 따라 조직하려 하므로 유독 인간만이 가능한 한 불쾌한 요소를 오감에서 제거하려 노력하고, 쾌감을 주는 환상을 넘치도록 추구하며, 굳이 현실을 왜곡하면서까지 쾌감 획득을 원하고 달성하려 하는 것은 아니다. 특히 물질 권력의 절대적 힘을 획득한 '제국'은 사람들에게 안전할 뿐만 아니라 관리된 생활권을 제공한다. 그 안에는 불쾌함과는 거리가 먼 세련되고 다양한 쾌감을 주는 '문화'를 향유할 수 있는 환경이 잘 조성되어 있다. 그렇기에 '제국'은, 세계에서 어떤 일이 일어나더라도 아랑곳하지 않고 자신의 행복을 추구하는 인간 생물의 생태가 역사적으로 확인되는 곳이다.

그러나 쾌락원칙의 획득을 목표로 하는 이러한 안전영역 내부에서 종교는 타락하고 예술은 퇴폐한다. 혹은 그 의미를 잃는다. 그때 인간도 정체와 퇴폐에 빠진다. 프로이트는 이러한 역사적 사실의 원인을 알아내고자 했다. 그는 종교와 예술이 본질적으로 쾌락원칙에 대항하여 쾌락원칙의 피안을 지향하는 활동이라는 것을 깨달았다. 인간에게는, 쾌감을 느끼기

는커녕 견디기 어려울 정도로 불쾌한 체험을 했던 현장에 몇 번이라도 되돌아가 그곳을 들여다보려는 경향이 강하다는 것을 프로이트는 발견한 것이다.

획기적인 저서 『쾌락원칙을 넘어서』에 따르면, 프로이트는 유아의 행동을 자세히 관찰하다가 '문화' 발생의 원초적 광경에 대한 감동적인 발견을 했다. 어머니가 외출하려 하자 불안한 표정의 유아는 방에 있는 실타래를 잡아들고, 그 실의 한쪽 끝을 쥐고 타래를 멀리 던지며 '없어!'라고 외쳤다. 그 직후 유아는 실을 끌어당기며 실타래를 자기 쪽으로 되돌리며 환희에 차 '있어!'라고 외쳤다. 이 동작은 몇 번이고 반복되었고, 그때 유아의 얼굴에는 만족과 뭔가를 정복했다는 충실감이 어렸다.

여기서 프로이트는 다음과 같이 추리했다. 쾌락원칙을 따른다면 유아는 어머니의 부재라는 참기 어려운 고통 체험을 가능한 한 멀리하려고 할 것이다. 그런데 유아는 그런 고통을 일으키는 체험을 실타래를 이용한 행동으로 상징화하여, 고통의 현장으로 몇 번이고 되돌아왔다. 이때 유아의 행동은 쾌락원칙에 반한다. 유아는 자신이 견디기 어려운 고통을 체험한 현장을 상징화의 도구를 통해 굳이 되돌아보며 그 상황을 자력으로 극복하려 한 것이다.

이때 프로이트가 한 관찰의 의미는 무척 심원하다. 우선 인간은 자신이 욕망하는 진실의 대상이 부재할 때, 그때 생긴 틈을 상징 작용을 통해 보상하려 한다는 것을 알 수 있다. 즉 언어를 비롯한 모든 상징화 도구가, 욕망의 대상이 결국 없어졌다고 하는 현실 인식의 표리(表裏)를 형성하는 것이다. 인간은 이 상징화 도구를 쥐고 자신의 욕망과 사랑의 대상이 결정적으로 사라진 그 현장으로 돌아온다. 인간은 고통과 불쾌함이 범람하는 상실의 체험을 통과하면서 처음으로 언어를 손에 넣고 상징화의 도구를 소유한다. 쾌락원칙을 따른다면 고통과 불쾌함으로 가득한 현실과 억지로 직면하며 그것을 극복하려고 하지 않을 것이다. 하지만 언어를 구사하는 영장류 인간은, 자신을 이루고 있는 조건이 그야말로 불쾌와 고통을 주는 상실의 현장임을 이해하고, 쾌감에 대항하면서까지 피안으로 향해 가는 몇 안 되는 생물이다.

종교는 다양한 의례와 신화를 통해 그 결정적 현장의 광경을 계속해서 기념해 왔다. 모든 '성스러운 것'은 장려한 아름다움으로 빛나는 순간마저도 역겹고 불쾌한 심연의 어둠을 슬쩍 드러낸다. 상징화의 능력 그 자체는 시각에 쾌감을 주는 아름다움으로 승화할 수도 있다. 하지만 그 능력이 일어나는 원초의 장면에서는, 그것이 무엇이더라도 쾌락원칙에 따라 개조할 수 없는 어떤 불가능성, 다시 말해 바닥 없는 심연과도 같은 것과 맞닿아 있다. 이렇게 종교는 '문화'에 소속되는 동시에

'문화'에 대항하면서 '문화'의 피안에도 가닿으려고 해왔다. 종교야말로 양의성의 최대 저장고였던 것이다.

따라서 너무나 완벽하게 기능하고 있는 안전영역의 내부에서는 이러한 종교가 스스로의 진실을 살지 못할 운명에 처한다. 물론 세간에서는 안전영역 내부야말로 다양한 형태의 종교가 번성하는 최적의 환경이라고 생각한다. 하지만 그것은 착각일 뿐이다. 종교는 쾌락원칙에 종속되는 순간, 아니 그것에 닿는 순간 다른 것으로 변질된다. 우리는 여기에 적당한 이름을 붙이지 못하고 있다. 그렇기에 오래전부터 우리의 세계는 혼란에 혼란을 거듭하고 있다.

*

잘 알려진 대로, 종교가 쾌락원칙의 피안에 닿으려는 기능을 잃은 세계에서는 예술이 그 기능을 대행한다. 서구에서 그런 경향이 나타나기 시작한 것은 17세기부터이고, 19세기 후반의 '모던 예술'에서 그 경향은 마침내 정점에 달했다.

조화로운 형태비율과 색채배색은 우리에게 쾌감을 준다. 음악에서는 예정조화적 화성(和聲)이 있어야 기쁨과 쾌감이 발생한다. 모차르트의 음악은 빈이라는 안전영역 내부에서 창조된 하나의 신비로서, 아폴론적 아름다움으로 충만하다. 이 세계에서 예술은 틀림없는 '문화'이며, 일찍이 종교가 수행했으나 지금은 상실된 기능을 세속화된 사회에서 대행하는 것이다. 이것이 바로 '고전적'이라 불리던 위대한 예술이었다.

그러나 모던 예술 입장에서는 이조차 쾌락원칙 안쪽에 속하는 것에 불과하다. 일찍이 종교가 해왔던 모든 역할을 이어받을 수 없다면, 예술은 불완전한 대체물에 불과하다. 그렇기에 모던 예술은 쾌락원칙의 피안을 목표로 한다. 화성과 색채와 형태에 대한 모든 예정조화를 뛰어넘어, 예술에서 인간의 상징능력 발생의 현장을 재현하는 능력을 회복하는 것. 불쾌함과 폭력성과 고통과 두려움의 감정적 소용돌이와 같은 카오스 안으로 몸을 날려, 일찍이 예술이 실현했던 것이 아닌, 새로운 '미'(美)를 도출하는 것이다. 모던 예술은 프로이트가 관찰했던, 실타래를 허공에 던지는 아이처럼, 쾌락원칙을 뛰어넘는 모험을 스스로의 사명으로 삼았다.

20세기의 정치적 동요가 이러한 모던 예술의 야심에 양분을 공급했다. 두 번의 세계대전과 그 후의 냉전체제로 인해 거대 규모로 안전영역을 형성하는 것은 매우 어려웠고, 이상적인 안전영역에 가장 근접하다고 간주되는 미국조차 1960년대 이후로는 내부에서 치밀어 오르는, 조화를 어그러뜨리는 힘에 의해 동요와 국소적 파국을 피할 수 없었다. 그렇기에 쾌락원칙의 피안에 닿고자 하는 모던 예술은 존재 가치가 크다고 간주되었고, 예술(art)은 그런 식의 환상에 기대어 문화적 가치뿐 아니라 어울리지도 않는 높은 상품가치마저 획득했다.

베를린 장벽 붕괴는 백 년 동안 이어지던 모던 예술의 번영에 사실상의 종지부를 찍었다. 강대국은 이미 하나뿐이다. 거기다 발달한 테크놀로지를 통해 한 번도 지구상에서 실현될 수 없었던 안전영역이 형성될 수 있었다. 그 내부에서 안전영역의 자기동일성을 동요시키는 안팎의 교란 요인은 가능한 한 배제될 것이다. 안전 기준은 무엇보다 동일성과 단순화와 안정성이다.

그렇다면 문제는 양의성이다. 쾌락원칙 내부에서 모든 일이 진행된다면, 애초에 굳이 죽음의 본능[欲動]과 접촉하는 양의성 따위를 생각할 필요는 없을 것이다. 하지만 언어를 말하고 상징화 능력으로 살아가는 인간은 매 순간 끊임없이 밀려오는 죽음 본능의 물결과 접촉한다. 그런데 안전영역을 구성하려는 정치적 사고는, 이러한 진실을 보지 않아도 되는 방법을 발달시켜 왔다. 이러한 세계에서, 감각의 자연스러운 조화를 부수고 쾌락원칙을 넘어서려 해왔던 모던 예술은, 더 이상 안심할 수 있는 거처를 얻기 어렵게 되었다.

하물며 그 안전영역이 테러리즘으로 위협받을 때, 양의적 사고에 대한 불신은 이번 슈토크하우젠 사건과 같은 모양으로 단번에 분출된다. 슐츠 씨는 한 사람이 아니다. 보이지 않는 무수한 슐츠 씨들이 쾌락원칙의 외부로 가려는 자들을 엄격하게 감시하고 있다는 것을 잊어서는 안 된다. 안전영역에 둘러싸인 예술은, 점점 이중언어 사용에 숙달될 필요가 있다고 강요받는다. 이는 착각이 아닐 것이다. 진의를 결코 명확히 말하지 않고, 표현하면서도 감추기. 이러한 이중언어적 사고를 통해, 반쯤은 영웅적인 양의적 사고로서의 예술을 헤쳐 나갈 수 없는 한 슈토크하우젠 씨를 엄습한 재난은 내일의 우리 몫이 될 것이다.

[부록] 모노(モノ)와의 동맹

—증식, 생명, 자본주의

1. 모노*에 대하여

모노란 무엇일까. 이는 현대에 관한 중요한 질문이기도 하다. 20세기 동안 처음에는 조금씩, 나중에는 폭포가 쏟아지는 것 같은 속도로, 살아 있는 인간이 모노가 되는 과정이 진행되었다. 이에 따라 '인간'은 모노를 살아 있는 존재로 취급하는 경향에 점점 익숙해지고 있다. 이 경향은 장기이식이나 유전자 기술을 이용하는 의학 발전과 더불어 점점 가속화하고 있다. 생명은 점차 복제 가능한 상품으로 다루어지는 중이다. 게다가 현대의 많은 생물학자들이 주장하는 대로, 인간 고유성을

---

* 모노(もの, モノ, 物) : '것'(物)을 뜻하는 일본어. 사물과 사건 총체를 말한다. 인격을 지칭하는 '히토'(人), 사건을 지칭하는 '고토'(事)에 비해 '모노'는 인격/비인격적 사물과 사건은 물론 혼, 귀신과 같이 인간의 지각을 넘어선 현상까지를 포괄적으로 가리키는 개념이다.

게놈의 배열에 환원시켜 보면 도대체 모노와 인간은 얼마나 차이가 있는가.

모노는 우리가 당면한 가장 큰 문제다. 이 일본어 단어가 의미하는 것은 실로 넓고 깊다. 우리는 우선 모노를 일본어 세계에서 확인하는 작업에서부터 시작하겠다. 최근 일본 국어사전은 이에 대한 『대사림』(大辭林)의 기술을 충실히 따르고 있다. 『대사림』은 '모노'에 대해 다음과 같이 쓴다. 관련 항목만 나열해 보자. (일부 해설 및 각 말의 용례는 생략하겠다.)

> 모노もの [物] (명사)〔작게는 형체가 있는 물체, 크게는 인간이 사고할 수 있는 대상을 의미한다. '고토'(事)가 생기(生起)·소멸하는 현상을 나타내는 것에 비해 '모노'는 그 현상을 담지한 불변의 실체를 상정하여 쓰는 말이다.〕 (1) 물체. 물품. (2) 특히 경제적 가치를 갖고 있는 물품. (3) 대상을 구체적으로 표현하지 않고 막연하게 하는 말. 어떤 대상. (4) 대상을 특정하지 않고 일반적·포괄적으로 하는 말. (5) 사물의 조리(筋道). 도리(道理). (6) 귀신이나 악령 등 정체를 파악하기 어려운 대상을 두려워하며 하는 말. '-에 홀리다' '-의 괴이함'. (……) (11) 【철학】〔영어 thing ; 독일어 Ding〕 (가) 공간적 시간적 속성을 통일적으로 담지하는 통합적 개체. 협의로는 '이 모노'·'그 모노'로 쓸 수 있으며 '책상' '집' 같은 감각적

존재를 말하지만, 광의로는 사고의 대상이 되는 모든 것, 예를 들어 비감각적 존재까지를 포함한다. (나) 인격과 관계없는 대상을 '사람' 대신 '모노'라고 한다. (……)

(마쓰무라 아키라松村明 편編, 『大辞林』)

요컨대 모노는 사고의 대상이 되는 모든 것, 다시 말해 감각적 대상이든 비감각적 대상이든 간에 사고가 어떤 모양으로 대상화할 수 있는 모든 것을 말한다. 이 정의에 따르면 사고능력을 완전히 넘어서는 사물이나 현상 등은 모노라고 할 수 없다. 하지만 사고나 개념에 의해 완전히 대상 사물로 포획된 것이 아니더라도 '모노'라고 부를 수는 있다. 이러한 '모노'의 용법은 역사적으로 형성되어 온 것이다. 다만 흥미롭게도 일본어의 장구한 역사 안에서 모노는 인격적인 '인간'에 비해 비인격적 대상, 다시 말해 '비인간적인' 것 일체와 연관되며, 이는 영어 thing, 독일어 Ding과 공통적인 것으로 보인다.

모노는 이렇게 감각적 대상인 '외연'(外延)에서 비감각적 '내포'(內包)에 이르는, 참으로 깊은 의미 영역을 포섭하는 말이다. 외연적 모노는 모든 물체를 지시한다. 그러나 내포의 축(軸)으로 관점을 옮겨 보면 거기에서는 '귀신이나 악령 등 정체를 알기 어려운 대상'으로서 두려움을 일으키는 '모노노케'나, '모노(귀신)에 홀리다'라고 말할 때의 모노가 출현한다. 확실히 물체로서의 모노, 모노노케의 모노 모두 그 비인격성, 비인간성에 해당하는 모노를 포함한다. 하지만 이런 문제가 있다. 그것들을 통일적 대상으로 파악할 수 있을까? 다시 말해 인간 외에 활동·존재하고 있고 우연히 인간을 홀리기도 하는 모노와, 과학기술에 의한 조작이나 계량의 대상이 되는 물체로서의 모노를, 하나의 거대한 통일성을 지닌, 외연에서 내포에 이르는 다양한 표현 전개로 이해할 수 있을까?

이것은 현대에 중요한 문제를 제기한다. 오늘날 바이오 기술은 생명을 모노로 다룰 수 있으며, 그것이 미래의 자본주의에 의해 막대한 이윤을 가져오는 상품으로 취급될 수 있다고 주장하려 한다. 하지만 여전히 그러한 기술은 행복과 함께 재해도 가져올 수 있다는 불안한 예감도 준다. 생명을 비인격적 모노로 다룰 수 있더라도 말이다. 그 이유는 우리가 생명은 단지 물체로서 조작 가능한 외연적 대상인 모노로 머물지 않고, 옛사람들이 '귀신이나 악령 등 정체를 알기 어려운 대상' 등이라고 말했던 내포적 모노와도 깊이 관계되어 있음을 직감적으로 이해하고 있기 때문이다.

'모노로서의 생명'이라는 표현에는 아직 과학으로도 확실히 파악할 수 없는 다른 의미가 숨어 있다. 모노를 단지 물체인 상태에서 해방해야 한다. 호두 껍데기처럼 단단한 모노 개념의 내부에서 복잡한 구조와 운동을 발견해야 한다. 오늘날 가장 필요로 하는 것, 그것은 모노를 둘러싼 새로운 사고를 창조하는 것이다. 이것을 새로운 유물론의 창조라고 부르더라도 그다지 틀리지 않을 것이다.

*

고대 일본어에서 '모노'라는 말의 용법은 최초의 시사점이다. 시대는 6세기 후반, 쇼토쿠 태자(聖德太子)가 아직 우마야도(厩戶) 황자로 불리던 시기에 발발했던 일대 사건에서 모노라는 말의 언령(言靈*, 고토다마ことだま라고 불리는 이것은 말의 내포공간에서 작동하고 있는 것을 언어로 표현한 것이라고 할 수 있다) 이 역사적 현실의 표면에 또렷하게 부상한 것이다.

그 당시 오무라지(大連)**인 모노노베(物部) 씨족의 수장 모리야(守屋)는 호족 연합을 대표하는 대신(大臣) 소가노 우마코(蘇我馬子)와 격렬하게 대립하고 있었다. 무라지 성을 가진 호족은 옛날부터 천황과 밀접한 결연관계였고, 그중에서도 모노노베 씨족은 군사·경찰에 관계하여 중요한 재판을 맡거나

---

* 일본에서는 말에 영적 힘이 깃들어 있다고 믿는데 언령, 혹은 언혼(言魂)이라고 한다.
** 오무라지(大連)는 일본 상고시대인 야마토 시대의 벼슬명이다. 주요 씨족 중 하나인 무라지(連) 중 오토모 씨족과 모노노베 씨족이 오무라지가 되었다. 모노노베 씨족은 주로 병장기 제조를 맡았으며 군사 관련 역할이나 주술을 담당했다.

무력이 필요할 때마다 큰 역할을 했다. 이러한 사실에서 모노노베 씨족의 이름에 있는 모노는 '도구'의 모노 즉 무기를 의미한다고 보기도 하지만, 사실 이것은 영혼(다마시히)이나 정령 등을 의미하는 모노노케의 모노에서 왔다. 그에 대해 이소노카미(石上) 신궁의 신주였던 우니 신지로(宇仁新治郎) 씨는 다음과 같이 썼다.

> 모노노베란 보통명사이기도 하고, 또 부족 고유의 호칭이기도 했던 말인데, 이것을 그렇게만 생각하지 않고 비약적으로 고찰해 보면 모노노베의 모노란 신을 이르는 말인 동시에 영(みたま), 영혼(たましひ)의 의미를 일부 띠며, 신으로 취급되지 않는 성스러운 영이라는 의미로 사용되고 있다. 헤이안 시대(749~1185) 이야기에는 모노, 모노노케가 여러 번 언급되는데, 모노노베의 모노는 이러한 모노와 공통적인 것이라고 봐야 한다. 이렇게 보면 모노노베 부족은 이 모노를 취급하는 부족이었으며 진혼(鎭魂)과도 밀접한 관계가 있게 된다. 따라서 이 부족이 높이 평가되어 사회적으로도 우위에 있었던 이유는 우수한 기량 때문이었다고 생각된다. (『이소노카미 전승 진혼 연구』石上伝承鎭魂研究)

모노노베 씨족은 말 그대로 모노를 다루는 호족이었다.

그들은 모노를 다루는 일종의 기예인 오래된 형태(오래되었다는 것은 새로운 외래의 정신문화인 불교와 비교하여 그렇다는 의미다)의 진혼법으로 천황을 섬기고 있었다. 그리고 거기서부터 파생된 재판이나 군사 일에도 관계한 것이다. 모노는 비인격적 힘과 그 작용을 나타낸다. 거기에 일의 옳고 그름을 판정하는 초월적 의지까지 동반되면, 전사들이 신이나 귀신으로 오인할 수밖에 없는 비인간적 힘의 영역에 근접하게 된다. 이처럼 모노노베 씨족은 군사적 기술에까지 큰 영향력을 가진 것으로 보인다.

이러한 입장에 있던 모노노베 모리야는 호족 연합과 팽팽하게 대립했다. 모노노베 씨족의 기예는 토지 정령의 위력을 상징적인 도구로 포획·장악하여 관리하는 모노의 기예였다. 그런데 우마야도 황자나 소가노 우마코는 국가를 이제까지의 호족 연합 차원을 넘어서 탈영토적 차원으로까지 비약시킨다. 그들은 토지 정령을 상징적 도구로 직접 장악하는 전통적 기예와 거기서 파생되는 권력을 어떻게든 부정하고 외래의 보편 종교인 불교를 받아들인 것이다. 그러자 격렬한 항쟁이 벌어졌으니, 황위 계승 문제가 불씨가 되어 결국 무력이 동원되었고, 모노노베 모리야는 소가노 우마코를 중심으로 하는 호족 연합에 의해 멸망당했다(587년). 문제는 모노의 취급이라 해도 좋다. 모노의 기예의 패배와 함께 법(율령)의 정비가 시작된다. 일본에서 국가는 모노의 기예의 몰락과 함께 막스 베버 (Max Weber)가 말한 '합리화'의 길에 접어들게 된 것이다.

*

모노노베 씨족이 관리해 왔던 모노의 기예란 실제로 무엇이었을까. 다행히도 이에 관한 자료와 전승이 여럿 남아 있다. 모노노베 씨족의 선조는 궁정에 보관되어 온 신보(神寶)를 경호하는 역할이었다. 그 신보란 오키쓰 거울, 헤쓰 거울, 야쓰카의 검, 이쿠 옥(魂), 다루 옥, 아카루카헤시의 옥, 지카헤시의 옥, 오로치의 히레(領巾)옛날 귀부인의 정장에서 어깨에 두르는 얇은 천, 하치의 히레, 시나모노의 히레였다. '혼'이란 말 그대로 옥*이었다고 생각된다. 거울, 검, 특수한 수건(히레), 옥을 사용하여 모노노베 씨족은 영력을 제어할 수 있었다고 한다. 『구사기』(旧事記)**는 다음과 같이 쓰고 있다.

　　이 열 종의 보물을 하나, 둘, 셋, 넷, 다섯, 여섯, 일곱, 여덟, 아

---

* 혼(魂)은 옥(玉)과 같은 발음인 '다마'(たま)다. 저자는 '다마'가 '알'을 뜻하는 '다마고'(たまご), 영혼을 뜻하는 고문(古文) 표현 '다마시히'(たましひ)와 연관된다고 본다.
** 『구사기』(旧事記)의 정식명칭은 『선대구사본기』(先代旧事本紀)로, 일본에서 가장 오래된 역사서 중 하나다.

홉, 열 하고 부르며 짤랑짤랑* 흔들면 죽은 자도 살아 돌아오니라. (『구사기』)

이 열 종의 신보가 실제로 어떤 것이었으며 모노노베 씨족이 그것을 어떻게 사용했는가는 오늘날 정확히 알 수 없지만, 모노를 장악하는 부족인 모노노베 씨족의 숙련된 기예가 이와 같은 상징적 도구를 써서 생명 현상의 근원에 직접적으로 닿으리라는 것쯤은 잘 알 수 있다. 신보인 도구를 '흔들면' 그것은 '죽은 자도 살아 돌아오는' 듯한 힘을 발휘했다. 이 힘은 비감각적인 내포성의 힘이기에 영력이나 혼이라고 할 수 있을 것이다. 이른바 다마후리**, 진혼의 방법이다.

고대에는 지금 우리와 무척 다른 방식으로 '죽음'이라는 현상을 이해했는데, 본래 다마(혼)에 갖춰졌던 위력이 쇠하여 위세가 없어지는 것이 '죽다'(死ぬ시누)라는 말이었다(어근 '신'으로부터 파생된 동사가 '시누'이며, 여기에서 '시나후'[萎, 시들다]라고 하는 말이 생겨났다). 여기에서 비롯된 것이, 영적 도구를 '흔

---

* 후루베 유라유라(布留部 由良由良): 보옥을 흔드는 모양과 옥이 내는 소리의 표현. 저자 신이치는 의미를 담은 한문으로 한 번, 음만을 나타내는 가타카나로 한 번 더 반복해서 이 구절을 쓰고 있다.
** 일본의 민족종교 신토(神道)의 종교의식. '후리'(ふり)는 '흔들다'라는 뜻. 신체(神體)를 흔들어 신령을 활성화한다.

들면' 다마의 위력이 다시 들러붙어 위세가 돌아와 '죽은 자도 살아 돌아온다'는 사고방식이다. 그렇다면 모노의 능력을 장악하는 데 뛰어난 모노노베 씨족은 거울, 검, 옥을 써서 다마(魂, 영혼)를 인간 신체에 접합하는 기예에 가장 숙련되어 있었음을 알 수 있다.

다마도 모노도 비인격적이라는 점에서는 공통적이다. 그러나 둘 사이의 미묘한 차이가 중요하다. 다시 한번 둘 사이의 관계를 자세히 알아보자. 오리쿠치 시노부(折口信夫)는 다마의 성질을 보려면, 모노의 두 가지 탄생 방법인 태생과 난생 중 난생의 발생을 생각해 보는 것이 좋다고 했다(「영혼의 이야기」靈魂の話). 다마는 내포공간의 충만한 힘으로, 옛날에는 '알'이나 '껍질' 안에 밀봉되어 있는 모습으로 이미지화하였다. 그 밀봉 공간 안에서 다마는 점점 힘을 길러 마침내 '껍질'을 벗고 바깥 세계에 나타난다. 다마가 모노로서 '나타나는' 것이다. 존재를 표현하는 '있다'(ある)는 이 '나타나다'(あらはれる)에서 파생된 말로, 일본어에서는 존재란 것을 내포적 잠세(潛勢) 공간에서 모노로서 현세화해 가는 과정 전체를 파악하여 '나타나다'로 이해한다는 것이 오리쿠치 시노부의 기본적 생각이다.[***]

[***] 저자는 '나타나다'를 '아라하레루'(あらはれる)라고 표시한다. 이는 '표면으로 출현하여

옛사람들은 열린 구멍이 없는 사물 안에는 어딘가에서 들어왔다 나가는 것이 있다고 생각했다. 그 들어왔다 나가는 것이 **다마**다. 그리고 그 안에 얼마간 있으면 그 **껍질**을 깨고 출현한다. 즉 **있는** 상태를 보이는 것이다. **껍질** 안에 들어왔다 나가는 것은 **되다**(なる)이다. 이것이 **되다**의 본뜻이다.

되다를 과일(果物)에만 해당하는 말로 생각하는 것은 의미를 제한하는 것이다. 그러나 과일이 된다고 하는 것은 그 안에 모노가 들어왔다 나간다고 생각하기 때문으로, 원형이 변하지 않으며 성장하는 것은 **익는다**이다. **익는다**라는 말은 크게 성장했다는 의미도 함축한다.

이렇게 일본인은 모노가 발생하는 모습에 원칙적으로 삼 단계의 순서가 있다고 생각했다. 바깥에서 들어오는 모노가 있고, 그것은 얼마간 안에 들어와 머무르다 이윽고 출현하여 그 세계의 형상을 취한다. 이 세 단계의 순서를 생각한 것이다.
(「영혼의 이야기」)

다마는 비인격적 강도(强度)로서, 이 세계 바깥에서부터

확실히 보이다'라는 의미의 고문(古文) 표현이다. 오리쿠치 시노부는 일본어의 '있다'라는 의미인 '아루'(ある)는 '아라하레루'에서 파생되었으며, '아라하레루'는 다마가 모노로 현세화된 것을 의미한다고 주장한다. 또한 사물에 다마가 들어왔다 나가는 '존재'(아루)의 과정적인 면을 부각하는 것은 '나루'(なる, 되다)라고 보았다.

들어온다. 그렇게 이 세계 안에 있지만 이 세계에 아직 모습을 나타내지 않았기에 특별한 내포공간 안에 밀봉된 모습으로 이미지화된다. 이 다마는 '알'이나 '껍질'과 같은 용기 내부에서 성장하여 이윽고 껍질을 깨고 세계에 나타난다. '나타난다'는 '있음'(존재)이며, 이러한 다마의 밀봉·성장·출현이라는 모든 과정에는 조금의 부정성도 관여하지 않는다는 것이 중요하다.

왜냐하면 존재하며 출현하는 다마의 완전한 긍정성을 파악하면 이는 한자 '신'(神)으로도 표현할 수 있기 때문이다. 하지만 내포공간을 깨고 현실세계에 모노성(性)을 갖추고 '나타난' 다마에는 반드시 물체성(物體性)에 얽힌 부정적인 것이 발생하고 만다. '나타나는' 과정 자체에는 조금의 부정성도 섞여 들어가지 않지만, '껍질'을 깨고 중력과 물체성의 세계에 나타난 순간 부정성이 태어나기 때문이다. 또한 다마가 (그 완전한 긍정성만을 가진 채) '신'(神)이라고 표현되면, 생성의 과정 그 자체로부터 발생하는 부정성은 '악'(惡)으로 개념화된다. 오리쿠치 시노부는 이것이 바로 모노노케의 모노라고 말하는 것이다.

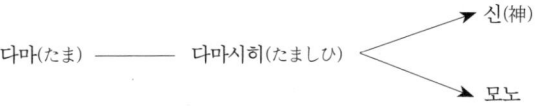

무척 복잡하고 미묘하게 말하고 있긴 하지만, 우리에게 중요한 것은 모노라는 말이 반드시 물체성이나 도구성과 관계가 있다는 점이다. 앞에서 말했듯 모노노베(物部) 씨족의 이름과 관계있는 모노는 상징적 도구의 측면을 갖고 있다. 가령 옥이라는 도구는 다마의 상징이다. 비감각적 내포공간의 충만한 힘을 옥석 같은 감각적인 것으로 표현한 것이다. 이런 의미에서 옥이라는 도구는 내포성과 외연성, 비감각적인 것과 감각적인 것 사이에 위치하여 두 이질적 영역을 이어 주는 역할을 한다.

따라서 이것을 모노라고 한다. 모노는 영력(靈力)의 작용에서부터 물체성을 갖는 사고의 대상에 이르기까지의 넓은 영역을 포괄한다. 다만 그것은 항상 내포적 힘인 영력을 사고(思考)나 조작의 대상으로 끌어올리려고 하는 '존재에 대한 유혹'을 가로지르고 있다. 다마에는 그러한 의지가 갖춰져 있지 않다. 다마는 단지 순수하게 긍정적인 힘으로서, 오로지 '나타남'을 지향하며 성장을 이루고자 하는 비인격적 강도다. 모노는 그런 다마와 거의 일체나 다름없는 운동을 계속하지만 중간 영역에서는 물체적 현실을 향해 분기한다. 모노와 다마는 서로 동일하면서도 차이 나는 비인격성(非人格性)의 형제인 것이다. 다마는 절대적인 선(善)이고 완전한 긍정성이며, 모노에는 사악함이나 부정성이 항상 따라다닌다. 그러나 존재는 그

둘을 아울러야만 존재라고 할 수 있지 않을까?

그나저나 이러한 모노는 모노이미(ものいみ, 금기)와 어원이 같을까? 확실하게 알 수는 없다. 그러나 오리쿠치 시노부가 모노이미에 대해 설명한 글을 보면, 두 말 사이에는 깊은 내적 연관성이 있다고 예상된다.

이 이야기는 일본 신토(神道)에서 가장 중요한 일로 간주되는 **모노이미**와 관련되어 있다. **모노이미**는 자연계 현상에서부터 비롯된 일로도 여겨지지만, 어쩌면 그런 생활이 있었기 때문에 이 이야기가 생겨났을지도 모른다. 이는 오늘날 어디에서도 말해지지 않으나, 어쨌든 고대 일본에서는 신의 조화에 필적하는 자격을 얻으려면 얼마간의 기간 동안 집안 또는 산중에 틀어박혀야 했다.

모(も)에 틀어박힌다는 말은 이불 같은 것을 뒤집어쓰는 것을 가리킨다. 대상회(大嘗会)*의 진상부금(真床覆衾)**(신대기 神代紀)***이 그것이다. 그렇게 있으면 혼(魂)이 들어와 다음

---

* 천황이 즉위하고 처음 거행하는 신상제(新嘗祭: 11월 23일 햇곡식을 신에게 바치고 친히 먹는 궁중제사).
** 마토코오후스마(真床覆衾): 대상제에서 천황이 이불을 뒤집어쓰고 의식을 치르는데 이 이불이 바로 마토코오후스마(真床覆衾)이다.
*** 『일본서기』(日本書紀) 전 13권 중 제1, 제2권을 일컬음.

의 형태를 완성한다고 생각한다. 그때는 이불이 사물을 감싸고 있는 것과 같은, **껍질**이다. 그렇게 바깥 기운을 맞지 않으면 알맹이(中味, なかみ)조갯살, 배춧속과 같은 외피 안쪽을 말함가 변화를 일으킨다고 여겼다. 완성된 때는 **생성됨**(みあれ)*이다. 이것은 옛사람들이 생물의 양태를 보면서 생각했던 것인지도 모른다. (「영혼의 이야기」)

오리쿠치 시노부의 말은 이런 것이다. 다마가 밀봉된 공동(空洞) 안에 들어가 '껍질'이나 '알'과 같은 외피 안에 가만히 틀어박혀 있으면서 바깥 세계의 공기에 닿지 않으면, 그 밀봉된 내포공간 안에 계속해서 증식이나 성장이 일어나(알맹이中味가 변화를 일으킨다), 곧 외피를 깨고 그 완성된 모습을 드러낸다(생성됨みあれ). 이것이야말로 일본인의 '존재의 사고'에서 가장 오래된 형태이며, 그 사고를 표현하는 신토에서 중시된 '모노이미'는 그야말로 그 존재의 사고의 요체와 관계되는 것이다. 그리고 모노이미라는 말은 다마가 외부 기운에 닿는 것을 막기 위해 이용된 상징적 도구인 '모'(も)에서부터 비롯된다.

---

* 신이나 귀인의 탄생/내림을 의미하는 말. 미(み)는 접두어, 아래(あれ)는 태어난다는 의미.

여기서는 모노와 모노이미의 내면적 이어짐이 명백하다. 물론 모노라는 말을 모노이미라고 하는 말에 직접 관련짓는 것은 위험하다. 하지만 모노이미가 다마를 내포공간에서 변성(變成)시키기 위해 이용되는 껍질 내지는 외피인 '모'(も)에서 비롯된 말이라고 한다면, 여기서도 '모'(も)라는 음(音)은 내포량(다마는 내포적 양량으로 생각해도 좋을 것이다. 왜냐하면 그것은 '껍질' 속에서 이루어지는 강도强度의 증식이기 때문이다)이 외연적 세계의 외양이나 양(量)을 변환시킨다. 왜냐하면 그 변환이 일어나는 경계인 중간 영역의 사건과 분명 관계되기 때문이다.

모노라는 말도 그러하다. 이 말은 다마의 변성에 관계하여, 내포량인 다마가 외연적 세계의 '외부 기운'에 닿는 순간 발생하는 변화의 본질을 포착하려 한다. 그러므로 모노는 물체가 되면서 사악함을 품은 영의 작용(모노노케의 '케'け는 힘의 배분의 부조화한 상태를 가리킨다. 다마의 작용 안 어딘가가 비대해지고 어딘가는 약해져 전체적으로 불균형이 일어난다. 그것이 여기서 말하는 쇠퇴를 품은 모노의 작용인 모노노케인 것이다)으로도 나타난다.

여기서 말의 주름은 더욱 복잡하게 접힌다. '껍질'(かひ) 같은 것에 둘러싸인 내포량인 다마를 인간 신체에 접합하여, 그 인간을 영적으로(내포적 강도) 위력 있는 사람으로 만드는 진혼(다마후리)이라는 상징적 행위에서는, 다마의 작용을 자

기 안에 받아들이는 거울, 검, 옥을 휘두르면(짤랑짤랑거리며 흔들면) 그 접합이 일어난다고 생각하는데, 그때 이용되는 거울, 검, 옥 그 자체를 지금은 모노라고 부르게 되었다. 이것은 상징적 도구가 가진 물체성 때문에 모노라고 불리는 것이 아니다. 그러한 도구가 다마의 변성이나 조작에 관여하면 내포적 강도의 작용은 물체적 세계의 현상이 되어 나타난다(생성된다). 이렇게 다이내믹한 변성 과정 모두에 관계하기 때문에 그 도구는 모노라고 불리는 것이다.

*

모노노베 씨족이 장악하고 있던 진혼 기술은 그야말로 기예 중의 기예였다. 이 시대(6세기 후반)까지는 천황이 지방 호족을 복속시키기 위해 호족들이 소중히 보관해 온 가문의 신보(神寶)를 헌상받아 이소노카미 신궁에 있는 신고(神庫)에 보관했는데, 이때 신보들은 모노노베 씨족의 기예에 의해 신중하게 관리되었다. 이 신보=모노에는 호족들의 세력권인 대지(大地)와 직접 결부된 다마=영력이 들어 있어서, 그것을 대지로부터 분리해 야마토(大和)*에서 집중 관리한 천황은 그 다마의 위력

---

* 일본을 가리키는 아어(雅語)이자, 4~7세기 나라현에서 발흥한 일본 최초의 국가라 할

이 늘어났다. 호족들의 복속이라는 사실은 단순한 현실세계의 권력관계를 넘어서 비감각적 내포공간의 관계에서 확고해진다.

이러한 모노노베 씨족이 몰락하면서 이후 오랜 부민제(部民制)**가 서서히 해체되고 국가 조직이 합리적 관사제(官司制)로 변성되어 가는 과정이 이어진다. 고대세계에서는 호족들도 천황도 각각의 특징을 갖고 있었는데, 그 권력은 기예적 본질을 갖고 있었다. 권력은 토지(세력권)와 결부된 다마=영력의 강도를 상징 도구인 다양한 모노를 이용해 포획하는데, 그것은 '껍질' 안에 틀어박혀 증식하고 신체에 접합되는 것으로, 특별한 인간이 관리하고 있다는, 사람들의 공통 인식에서부터 실질적인 힘을 얻었다. 권력은 내포에서 외연에 이르는 횡단적 성격이 있고, 이를 무사히 횡단할 수 있는 능력을 사람에게 부여하는 것이기도 하다. 따라서 권력은 기예와 예능, 기술이라는 말에 다름 아닌 것이었다. 그러한 예능적 본질을 지닌 고대 권력이 모노노베 씨족의 몰락과 함께 소위 사회의 '어둠의 영역'으로 침식해 버렸기에, 우마야도 황자와 소가노 우마코를 중심으로 하는 이 쿠데타는 그 후 일본인의 정신에 실질적

수 있는 정권의 이름.
** 일본 야마토 왕권 시대에 존재한 제도로서, 왕권에의 종속과 봉사, 업무의 분담을 규정한 제도이다.

인 영향을 미치게 된다.

진혼의 기예는 그때부터 다양한 지역/영역으로 흩어졌다. 모노노베 씨족과 이어진 다른 지방의 신사에서는 가지각색으로 모습을 변화시키며 모호해진 진혼법 사상을 확실하게 전승해 왔고, 이는 오모토(大本)*를 비롯한 근대의 새로운 신토 계열 종교에서 시행하는 진혼법에 큰 영향을 미쳤다. 더 직접적으로는 슈겐도(修驗道)**가 일찍이 이 진혼 사상을 자신들의 실천으로 도입해 왔다. 거기에는 불교적 밀교도 흘러들어 와서, 중세에는 미와류신토(三輪流神道)를 비롯한 료부신토(両部神道)불교 진언종의 입장에서 신토를 해석한 신불습합사상의 다양한 형태를 낳았다. 산골 오지에서도 그 진혼 사상은 호화롭고도 찬란한 예능과 결부되어 갔고 사람들의 생활에 깊이를 더했다. 시코쿠(四国)의 산중에는 '이자나기류(流)'도사노쿠니(土佐国) 지방에 전승되어 온 독자적 음양도/민간신앙와 같은 장대한 주술체계가 존재하며(덧붙이자면 그것을 전승하는 마을들은 모노노베 마을이라고 불리는 지대에 집중되어 있다), 오쿠미카와(奥三河)에서

---

* 신토(神道) 교파의 하나. 1892년 데구치 나오코(出口直子)가 처음으로 시작.
** 일본의 원시적인 산악신앙과 밀교가 혼합된 것으로 사람이 살지 않는 깊은 산속에서 초인적인 수행을 쌓아 영적 힘을 체득하는 것을 말한다. 이러한 수행을 한 사람을 야마부시(山伏)라 하는데, 지금도 기이(紀伊)반도의 구마노(熊野)와 도호쿠 지방의 데와산잔(出羽三山)에서 실제 수행을 하는 사람들이 많다.

신슈(信州)/엔슈(遠州) 경계에 걸친 백화요란(百花燎亂)하고 다양한 '하나마쓰리'(花祭)일본의 풍년기원제의 예능에는 다마의 증식과 그 증식한 다마에 닿음으로써 생명을 소생시키려는 진혼의 사상이 하나의 미(美)로 승화되고 있는 모습을 지금까지도 볼 수 있다.

여기서 우리는 왜 아직까지 민속학 같은 학문이 필요한가라는 물음에 대해 이렇게 대답할 수 있다. 그것은 아직까지도 형성 중에 있는, 모노에 대한 학문이며, '모노란 무엇인가'라는 질문이 이렇게 심각한 의미를 갖고 있는 현대이기에 필요한 학문이라고 말이다. 생명 현상이 게놈 같은 물질적 과정으로 환원되어 생사에 관련된 많은 일이 기술에 의해 조작되었고 마침내는 상품화되어 가고 있는 현대에, 민속학은 그러한 환원이나 조작을 받아들이지 않는 모노의 활동 영역이 분명 존재하며 지금도 활동을 멈추지 않고 있음을 밝히려 한다. 나는 유물론이라는 말을, 물질적 과정으로 환원할 것을 지향하는 과학주의가 아닌 민속학적 모노의 깊이를 주장하는 실천(praxis)의 의미로 입에 담고 싶다.

2. 빛에 대항하는 모노

일본어의 안쪽 깊은 곳에 '존재'(있다)라고 하는 개념을 탐색해

가면 '모노'에 다다르게 된다. '있다' 주변에 포진한 몇몇 주요 개념 중에서도 '모노'는 유난히 중요한 위치를 차지한다. '있다'라는 말로 일본어는 '나타나다'라는 출현의 사태를 표현하려 하지만, 다마의 강도로 가득한 내포공간에서부터 '껍질'의 외피가 부서지고 그 강도가 외부 기운에 '나타나는' 때 무언가가 '있다'라고 하는 사태가 일어나는 것이다.

이때 '모노'는 세 가지 방식으로 이 '있다'라는 사태와 관련된다. 우선 그것은 다마=영력의 강도를 받아들이는 용기(容器)를 가리킨다. 내포적 강도를 수용하는 용기는 상징이라고 해도 좋다. 때문에 여기서 모노는 상징의 형태로 나타나며 그것의 내용은 다마 안에 있다.

두번째로 모노는, 모노노베 씨족의 기예나 다마 증식의 의례인 '겨울(ふゆ 즉 증식하는ふえる)축제'*를 생각해도 알 수 있는 것처럼, 내포공간에 가득한 다마의 영력을 바깥 세계로 끌어내거나 인체에 접합하여 그 사람의 위력이 될 때, 영력을 끌어내거나 접합하는 매개 도구로 이용되는 것이기도 하다. 이때 모노는 스스로 다이내믹한 변환을 내포한 운동을 유인하기 위한 횡단적 운동체 그 자체가 된다. 다시 말해 여기서 모

---

* 증식을 기원하는 겨울축제는 '겨울'(후유ふゆ)과 '증식하다'(후에루ふえる)의 발음상의 유사성에서 비롯되었다는 주장. 저자는 겨울(후유)의 본뜻은 증식하는 것으로 보고, 실제로 '겨울'과 '증식'을 섞어서 쓰고 있다.

노는 기술의 본질을 가리킨다.

세번째로 모노는 '있다'가 품고 있는 부정성을 받아들이기 위해 준비된 기호적 용기(容器)이기도 하다. 순수한 긍정성인 다마가 성장하여 내포공간을 나와 외부 기운과 닿는 순간, 그것은 불가피하게 쇠퇴(케가)하게 된다. 다마=영력은 그때부터 선악의 가치로 이루어진 이원론의 세계에 접어든다. 원만하고 완전한 다마의 작용에 부정성과 부조화가 그늘을 드리우는 것이다. 그것을 모노가 받아들인다(모노노케). 이러한 모노에 변질을 일으키는 다마는 음양사(陰陽師)**와 같은 예인의 모노(도구)에 의해 조작되기도 한다.

이렇게 모노는 '있다=나타나다'의 모든 위상과 과정에 걸쳐, 그 과정 끝에 열매로 나타나는 비인격적 물체인 모노 안에 묵직하게 자리 잡았던 장소를 보여 준다. 일본어 '기억' 안에는 이 물체성인 모노가 존재의 근원을 나타내는 다른 종류의 비인격성의 모노, 다시 말해 다마라는 말로 나타나는 내포적 강도와 일체인 모노가, 하나의 전체 운동을 만들어 이루고 있는 모습이 뚜렷이 아로새겨지고 있다. 모노는 단순한 존재물이 아니다. 모노는 하이데거(Martin Heidegger)가 말한 '존재'의 사

** 고대 일본의 풍수지리, 점술, 주술을 담당하는 관직. 지금은 해당 업무를 담당하는 직업 전반을 가리킨다.

태와도 깊이 관련되어 있는 말이다.

실제로 우리가 명확히 하려는 이 모노는, 하이데거가 서구어의 '기억의 창고'인 고대 그리스어에서 '피시스'(physis)라고 하는 근원어(根源語)*를 둘러싸고 전개한 심원한 사상을 연상시킨다. 피시스는 '피직스'(physics)의 어원이기도 한 말이기에, 일반적으로 '자연'과 동일시되고 있다. 보통 고대 그리스인들은 바다, 산맥, 동물, 식물을 피시스라는 말로 표현했으리라 간주된다. 그런데 하이데거는, 이 말은 그렇게 가지가지의 존재를 나타내는 것이 아니라 그리스인들이 '있다'고 하는 사태를 근원적 깊이에서 사고하고자 할 때 사용했던 근원어라고 강조한다. 모노라는 일본어의 근원어가 '있다=나타나다'의 사태를 실천적인 방법으로 사고하는 말인 것처럼, 동물이나 식물 등 자연물까지 나타내는 피시스는 '있다'를 사고하는 말로 철저하게 이용되는 깊이 있는 말이다.

여기서 우리에게 흥미로운 점은 그리스의 '원초적 사색가'들이 이 말을 사용하여 '있다'를 모노의 경우와 유사하게 '나타나다'로 사고하고 있었다는 사실이다. 우선 하이데거가 이에 대해 실제로 말하는 것을 보도록 하자.

---

* 근원어(Grundworte): 복합어의 어원. 마르틴 부버(Martin Buber)에 의하면 근원어란 우리가 관계를 맺고 소통하며 존재하는 방식을 나타내는 말이다.

충실하게 사색하자면 피시스는, 닫힌 동시에 은폐되고 접혀 있는 것에서 나왔다는 의미에서 드러나는 것이다(피시스[드러나는 것]는 원초적 사색가들의 표현인 근원어다). 우리에게 이 '드러난 것'이 직접적으로 눈에 보이게 되는 것은 [가령] 땅속에 매장되어 있던 곡물의 씨앗이 발아하는 것[드러나는 것], 새싹에 눈이 트는 것, 꽃이 피어나는 것[드러나는 것]에서이다……

한편 다르게 드러나기도 한다. 인간이 목격하는 광경에 집중하는 그 자체에서 출현하거나, 인간이 이야기 속에 드러나는 세계와 함께 스스로를 노정하거나, 또 몸짓 안에 심정이 토로되거나, 유희 안에 인간의 본질이 숨어 있지 않은 것으로 흘러나오거나, 또 단순히 거기 일어나는 것 안에 인간의 본질이 우뚝 솟는, 그런 일로서 있는 것이다. 신들의 표지가 도처에 [드러나는] 것에는 침묵하는 것, 모든 '존재자'가 변화하는 풍부한 방식으로 상호-임-재하는 것이다. 그리고 그것들 일체의 것 내부에는 발생하는 동시에 출현하면서 스스로를 보인다는 의미로 드러나는 것이 있다. 그것이 피시스[드러나는 것]다…….

우리가 말하는 갖가지 자연의 사건은 그리스인에게 [드러나는 것]이라고 하는 방식으로 피시스의 빛 안에서 비로소 가시적이게 되는 것이다. (『헤라클레이토스』)

일본어의 근원어인 모노와의 유연성(類緣性)계통적으로 유사한 관계은 분명하다. 서구어에서 존재를 표현하는 말에 해당하는 일본어의 '있다'는, 그 안에 다마의 위상변환을 함축한 '나타나다'라는 현상(事象)을 가리키는 말로서, 깊은 의미를 가지고 있다. 그 '있다=나타나다'와 일체가 되는 모노는 비로소 전체적 의미를 가진다. 다른 말로 하면 모노 그 자체에 '나타나다'가 내장되어, 위상의 변환이나 질적 변용이 포함되어 있다. '나타나다'라고 말하는 일 안에서야말로 존재가 감각적 대상으로서 눈에도 보이고 손으로 만질 수 있는 대상이 되는 사태를 표현할 수 있다.

그와 매우 비슷하게, 그리스어는 피시스 한 단어가 자연물까지도 표현하고 그러한 자연물의 전체가 '있는' 것으로서 '드러나는' 일 그 자체도 표현한다. 나중에 가서야 '나타나다'나 '드러나다'라는 말이 신을 떠올리며 시작된 종교의 본질, 혹은 모노를 다루는 기술의 본성에 참으로 깊이 관련되어 있음이 밝혀진다. 두 언어 모두 여기까지는 사물이나 자연물을 표현하는 말이 근대어의 경우처럼 단순히 대상의 집합을 표현하는 것이 아니라, 그러한 대상 그 자체가 감각하거나 사고하기 전에 출현하는 전체적 과정, 다시 말해 후설(Edmund Husserl)이 '현상'(現象)이라는 말로 가리키려 했던 과정의 전체를 표현한다는, 깊은 공통성을 보이고 있다.

그런데 모노의 '나타나다'와 피시스의 '드러나다'의 내용에 더욱 천착하면 거기에는 공통성보다 더 중대한 이질성이 가로놓여 있음을 알 수 있다. 그리고 이 이질성이 초래하는 것을 깊이 생각하면, 모노와 피시스가 깊은 관련을 갖는 '기술'이라는 현실이 결코 보편적 내용을 갖지 않으며, 오늘날 '기술시대'라고 하는 어법으로 이해하는 것도 피시스적 '기술'에 따른 강한 선입견(bias)을 가진 사고에서 만들어진 사회적 현실이라는 것이 이해되는 것이다. 피시스라는 말에 함축되어 있는 사고야말로 유럽(그리스의 서방세계)의 원리 중 하나를 가리킨다. 그런 의미로 '세계의 유럽화'라는 어법은 '기술의 피시스적 이해의 일반화'라고 바꿔 말할 수 있는 것이다.

그에 비해 모노적 '기술'은 오늘날의 글로벌 스탠더드인 피시스적 '기술'이 만들어 가는 세계와는 질적으로 다른 세계를 만들어 가는 능력을 간직하고 있다. 그것에 우리가 보는 것처럼 모노와 다마를 둘러싼 일본어의 사고는 피시스를 둘러싼 그리스적 사고의 우수함에 필적하는 강인함과 입체성을 갖춘 것으로, 있는 그대로의 모습에 다른 현대적 보강을 하지 않아도 모노는 피시스를 둘러싼 하이데거의 사색과 어엿하게 호각을 이룰 수 있다.

*

모노와 피시스의 차이는 색채에 비유할 수 있다. 모노는 잡색으로 얼룩진 색을 가리킨다. 그런데 하이데거의 생각에 의하면 피시스는 순수한 단색광을 추구하는 자기전개 운동을 관통한다. 모노가 빛과 어둠이 만드는 그림자에 잠긴 개념인 것에 비해 피시스는 투명한 빛을 안고 있다. 피시스가 그러한 밝음이나 투명함을 사물에 가져오는 진리와 같은 것과 관계되는 것에 비해, 모노는 결코 진리를 향해 자신을 열기 위해 증식을 일으키는 것이 아니다. 모노의 증식은 자발적인(spontaneous) 것으로, 어떤 목적성으로도 방향을 설정하지 않는 것이다.

우선 피시스부터 보도록 하자. 서구적 사고에서 근원어인 피시스는 하이데거의 생각으로는 '닫힌 동시에 은폐되고 접혀 있는 것에서 나왔다는 의미에서 드러나는 것'을 의미한다. 이 '드러나다'가 '있다'(존재)의 근원을 구성하고 있기에 피시스는 존재한다는 것의 근원에 닿아 있는 것이 된다. 그것은 닫혀 있거나, 은폐되었거나, 안에서 접혀 있는 상태에서 덮개를 벗겨 열린, 평이한 상태에서 나오는 것을 의미한다. 다시 말해 피시스는 빛 안에서 '드러나는' 그 자체이며 '있다'라고 하는 것의 본질도 오로지 식물이나 동물 등이 만들어 내고 있는 자연적 세계의 직관적 체험에서부터 표현하고자 하는 개념인 것이다.

그 때문에 하이데거의 사고에서는 이러한 피시스가 또 하나의 중요한 개념어 '알레테이아'(aletheia)와 밀접하게 관련되어 있다. 이 말은 로마인이 후에 '베리타스'(veritas)로 번역한 것으로, 근대어로는 '진리'로 불리며 표상의 확실함을 나타내는 개념이고, 일상어로도 사용되고 있다. 알레테이아는 사물(物事)의 본질이 은폐된 상태에서부터 은폐되지 않은 상태로 이어지는 것을 의미한다. 또한 인간이 사고하기 위해 이용하는 표상은 사물을 '사리분별'(事割り)된 모습의 근원에서 끌어내 가는 것을 말한다. 때문에 확실한 표상으로 지탱되는 진리란, 사물을 은폐되고 사리분별되어 있지 않은 상태에서 덮개를 열고 꺼내어 분화된 상태로 끌어낼 수 있는 능력을 갖춘 것이다. 다시 말해 알레테이아는 사물의 비은닉성을 나타내고, 그러한 의미로 피시스와 알레테이아 사이에는 강한 연관관계가 있다고 이해할 수 있다.

피시스는 사물의 '드러남'을 가리킨다. 그것은 '꽃이 피어남을 꽃 자신 안에 갖고 있는 것처럼' 하고, 스스로를 열어젖히고자 하는 모습을 표현한다. 사물이 '있다'고 하는 것은 은폐된 상태에서부터 자신을 열어젖혀 가는 상태로 옮겨 가는 것을 나타내고 있기 때문에, 피시스야말로 그러한 '있다'의 본질에 적중한 것이 된다. 어둑함(瞑)·어두움(暗)의 안에서부터 밝음 쪽으로 사물이 나오는 것이 '있다'이고, 피시스인 것이다.

이렇게 서구적 사고에 의한 '있다'를 가리키는 근원어 피시스를, 하이데거는 뒤덮인 어둠함에서 열린 밝음 가운데 나타나는 존재의 본성으로서 여긴다. 여기서 재밌는 것은 그렇게 간주된 피시스는 그 자신이 '현상학'이라는 근대 철학의 목적을 훌륭하게 표현한다는 점이다. 후설은 현상학을 '근원적 경험주의'라고 말한다. 이것은 인간의 경험 그 자체가 사물을 은폐하는 어두운 상태에서 열린 '사리분별'의 밝은 상태로 옮겨 감을 끊임없이 지향하고 있는 것이라 말할 수 있다. 현상학은 그러한 경험의 전 과정을 터무니없는 깊이와 함께 파악하고자 하는 사고의 프로젝트로서, 서구의 사고 안에서 태어났다. 현상학은 경험의 본질을 빛이나 '사리분별'의 밝음 가운데 성립되는 것으로 파악하고 그 경험의 확실한 기반 내지 기원을 찾아내고자 한다. 그러니까 현상학 그 자체가 본디부터 일종의 '빛의 철학'으로서의 성격을 갖고 있는 것이다.

후설이 『데카르트적 성찰』에서 썼던 것처럼 현상학은 경험의 확실한 기반을 추구하고자 하는 데카르트 철학의 기획을 더욱 심원한 기초 위에서 완성하고자 한다. 후설은 데카르트적 기획이 서구적 사고가 지향하는 것의 본질을 노골적인 형태로 표현하고 있는 것에 깊이 감동했는데, 거기서부터 더욱 전개를 해나간 하이데거의 철학도 현상학이 빛의 철학이라는 본질적인 면은 놓치지 않았다. 하이데거에게도 현상학은 어둑함이 소멸해 가는 빛의 철학이며 거기서부터 그의 '피시스 해석'도 태어난다. 이에 대한 사정을 레비나스(Emmanuel Levinas)는 다음과 같이 훌륭하게 설명한다.

> 빛의 밝음에서, 외적 대상은 그것을 수용하는 사고의 소산으로 나타난다. 빛의 밝음을 특징짓는 이해 가능성(intelligible)은, 사고하는 자와 사고되는 것의 전면적 합치인데, 사고하는 자가 사고되는 것을 지배한다는 의미에서 그렇다. 여기서는 외적 대상의 저항이, 대상의 안에서부터 소실되고 만다. 사고하는 자가 사고되는 것에 미치는 지배는 전면적인 것이며, 마치 창조와도 같다. 다시 말해 이 지배는 의미(sens)의 증여로서 성취되며 이때 표상의 대상은 전적으로 노에마(Noema)의 식이 향하고 있는 무엇 즉 지향성의 대상적 상관자를 뜻함로 환원된다. 이해 가능한 것이란 다름 아니라 전적으로 노에마로 환원되는 것이며, 이해 가능한 것과 지성이 맺는 모든 관계는 빛에 의해 확립되는 관계로 환원된다. 표상의 이해 가능성에서는 자아와 대상, 안과 밖의 구별이 사라진다. (고다 마사토合田正人 옮김, 『전체성과 무한』)*

---

* 한국어판. 에마뉘엘 레비나스, 『전체성과 무한』, 김도형·문성원·손영창 옮김, 그린비, 2018, 177쪽 참조.

하이데거의 '피시스 해석'에서도 어둑한 것·어두운 것 사이에 잠재되어 있는 빛이 문제였다는 것을 생각해 보자. 이 빛은 스스로를 숨기는 덮개를 젖혀 열린 상태로 나오려 한다. 그것이 자연의 본성이며, 그러한 자연을 앞에 둔 인간 경험의 시작(기원)을 가리킨다. 고대 그리스의 사색가들은 그러한 사태 모두를 피시스라는 한 단어로 파악하고자 했다. 확실히 피시스가 단지 피직스로 환원된다면 그것은 보이지 않게 되고, 사물은 단순히 물질을 나타내는 것이 되고 만다. 현상학적 해석학은 그렇게 되고 만 사물을 물성(物性)에서 해방하려 한다. 피시스라고 하는 근원어를 둘러싼 해석의 모험이 그것을 가능하게 한다. 현상학은 마르크스와는 다른 방법으로 물상화(物象化)된 세계에서부터의 인간 해방을 기획하는 것이다.

피시스──서구에서 '있다'를 둘러싼 모든 사고가 여기에서 발생한다. 그 본질은, 자연 전체를 사고 대상의 위치로 환원하고 이해와 조작의 대상으로 삼으려는 근대과학에서조차 표면적으로는 은폐되고 말았지만, 어둑한 기원의 장소에서 활동을 계속하고 있다. 현상학은 그렇게 은폐된 기원의 장소를 다시 개방된 밝은 곳으로 만들려는 것이다.

*

모노도 피시스처럼 '나타난다'. 그런데 모노에는 피시스가 본질로 삼고 있는 비은닉성이 없다. 다시 말해 일본어의 근원어인 모노에 데카르트-후설-하이데거적인 현상학적 해석을 적용할 수 없다. 모노는 '빛의 철학'인 현상학에 어떻게 해도 융합될 수 없는 성격을 갖고 있는 것이다.

'영혼'에 대한 오리쿠치 시노부의 사고가 잘 보여 주고 있듯, 모노라는 말은 다마-다마시히가 가리키는 자발적인(spontaneous) 성장과 증식에서 발생하는 사물의 '나타남'에 깊이 관여한다. 다마는 주변을 밀봉하는 '껍질'(かひ)과 같은 공간의 내부에서 성장을 해가는 것이기에, 이것을 어둑하고 어두운 장소에 은폐된 상태로, 내포적 강도로 꽉 차서 터질 정도의 성장을 가리킨다고 생각할 수도 있다. 그리고 가득 채워졌던 다마는 '껍질'의 덮개를 깨고 밖으로 '나타나는' 것이기에, 이것을 은닉한 상태에서부터 열어젖혀진 밝음 가운데로 피시스가 '드러나는' 것과 동일하다고 생각할지도 모른다. 그런데 여기에 결정적 차이가 있다.

피시스가 어둑함 안에서 밝음(열림) 가운데로 '드러나는' 것은 스스로 빛을 내장하고 있기 때문이다. 이 빛은 열어젖혀진 상태가 자신의 본성으로, 그러한 스스로의 본성을 실현하기 위해 가려져 있던 것을 깨고 넓음 안에 자신을 두는 것이다. 그러나 모노의 경우는 다르다. 다마가 자신을 은폐한 '껍질' 내부에서 성장하는 것은 식물 뿌리가 흙 속에서 자라나듯 자신을 분열시킴으로써 스스로에게 넘쳐흐르는 강도의 팽창을 견디기 위한 것이다. 모노에는 숨겨진 것, 은닉된 것은 없다. 내포공간에서 강도가 팽창(왜 그것이 일어나는지는 사고되지 않는다. 아마도 그것은 사고의 외부로서, 내포성으로서조차 사고되지 않는 것이 있다고 여겨지기 때문이 아닐까)되어 다마는 분열을 거듭해 엄청난 증식을 일으켜 간다. 그리고 마침내 내포공간에서의 긴장에 견딜 수 없는 '다마' 강도가 '껍질'을 깨고 외부 기운 가운데 '나타난다'. 그 순간 다마의 조성은 근본적인 변용이 일어나, 존재의 알 속에서부터 병아리가 나온다. 이 존재의 병아리가 빛이 아니라는 것에 주의하자. 병아리는 자신을 불투명하게 만드는 피부와 외부 기운 안에서의 생활을 견디기 위한 체모로 뒤덮여 있어, 빛도 아니고 어둠도 아닌 그야말로 빛과 어둠함이 뒤섞인 잡색의 혼성계로서 하나의 '있음'이 출현한다. 엄밀한 의미에서 이것은 '빛의 철학'인 현상학에서 파악하고자 하던 '있음'의 시작이 아니다.

그리스어의 근원어인 피시스가 '빛의 철학'에 의해 파악되던 때 피시스의 비은닉성이 말해진다. 즉 피시스라는 말로 고대 그리스인이 사고하고자 했던 것과, 하이데거가 피시스를 해석한 것이 같다고 보증할 수는 없지만, 그 후 서구세계의 역사적 전개는 틀림없이 피시스의 현상학적 이해와 동일한 방향을 향하고 있는 것은 확실하기에, '최초의 서구'인 그리스의 '있다'는 것을 둘러싼 사색이 빛으로 향하는 비은닉성의 본질을 갖추고 있다는 것은 확실하다고 생각한다. 거기서부터 현상학은 인간 경험의 시작을 깊이 사고한다. 인간 경험은 은폐된 상태에서 덮개를 제거하고 열어젖힌 상태로 향하는 의식의 운동이며, 카오스 상태였던 표상이 '사리분별된' 것이자, 이성적인 것을 향해 명료함을 늘려 가며 '진리'를 지향하는 부단한 운동으로 설명되어 왔다.

그러나 일본어의 근원어인 모노는 '있다'는 것의 의미를 그것과 다른 방식으로 사색한다. 다마의 성장·증식이 존재의 사태를 낳는다. 그러나 그것에는 본연의 빛이 어둑함이나 어둠에서 구분되어 나타나는 일은 일어나지 않는다. 현상학(과 그것을 필연적으로 출현시킨 서구의 존재사고)은 의식의 작용을 이러한 빛이라는 근원에서 생각해 왔다. 거기에서 '진리'와 '빛'의 결합이 일어나 어둑한 것이지만 안에서부터 나타나는 빛과 일체가 되는, 어둠이 빛에서 분리되어 가는 과정이 사고 안에서 진행된다고 생각한다.

이에 비해 모노적 사고는 결코 경험 내부에서 밝은 것과 어두운 것을 분리하거나, 빛을 순수화해서 그것을 물질성의 어둠에 대립시키지 않았다. 거기서 '있다'는 빛과 어둠의 혼성계이며, 인간의 열린 경험이라는 것도 하나의 혼성계이며, 빛과 어둠은 분리되지 않은 것으로, 모든 존재는 불투명한 피부에 덮여 있어 음예(陰翳)를 품은 것으로 여겨진다.

우리는 근대에 들어 모노적 존재사고에 대한 가장 훌륭한 표현을 다니자키 준이치로(谷崎潤一郞)의 「음예 예찬」(陰翳禮讚)에서 볼 수 있다. 다니자키는 이 문장을 일본어 근원어의 깊고 깊은 감각에 잠겨서 쓴다.

> 우리 동양인은 손쉽게 장소에 음예를 만들어 아름다움을 창조한다. '긁어모아서 묶으면 보랏빛 움막이 되고 풀어놓으면 원래의 들판이 된다'라는 옛 노래가 있는데, 어쨌든 우리의 사색은 그런 풍으로, 아름다움은 물체에 있는 게 아니라, 물체와 물체 사이에 만들어 내는 음예의 무늬, 명암에 있다고 생각한다. 야광 구슬도 어둠 속에 있으면 광채를 발하지만 백일 아래에 놓이면 보석의 매력을 잃듯, 음예의 작용을 벗어난 아름다움은 없다고 생각한다. 즉 우리의 선조는 여자를 마키에금·은가루로 칠기 표면에 무늬를 놓는 일본 특유의 공예와 나전 그릇과 같이 어둠과 떼려야 뗄 수 없는 것으로 보고, 할 수 있는 한 전체를 그늘에 가라앉혀 버리고 긴 소매나 긴 치마로 손발을 안으로 감싸, 어느 한 곳, 머리만을 두드러지게 한 것이다.

(「음예 예찬」)[*]

다니자키의 문장이 훌륭하게 보여 준 것처럼, 모노를 둘러싼 근원적 사고는 당연히 에로틱한 것이다. 유대교 '미드라시'(Midrash)^{**}의 설명에 따르면 빛을 표현하는 Or(אור)가 피부를 나타내는 'Or(עור)로 변화했을 때 젠더의 원초적 분열이 일어나 거기서부터 여성이라는 존재가 태어났다. 이 여성은 그늘을 찬양하며 그리스적으로 투명한 '진리'에 대항하는 에로티시즘적 존재로서 세계에 나타난다. 유대교가 말하는 이 'Or(עור)야말로 일본어의 근원어인 모노와 깊은 연관이 있다. 모노나 다마도 의식의 현상을 표현하는 근원적 힘을 나타낸다. 그러나 그 근원적 힘은 후설이나 하이데거가 말한 '빛'이 아니며, 말하자면 처음부터 부드러운 피부에 감싸인 여성적인 것이다. 그러나 그 피부 표면은 빛과 어둠으로 얼룩진 혼성계(混成系)를 이루어, 그림자 안에서부터 에로티시즘을 끊임없

---

* 다니자키 준이치로, 『그늘에 대하여』 고운기 옮김, 눌와, 2005 참조. '음예'(陰翳)는 햇빛이 구름에 가려 생기는 어슴푸레한 그늘을 가리킨다.
** 미드라시(Midrash)는 고대 팔레스타인의 랍비학교에서 기원된 성경 주석에 붙여진 명칭이다. '찾다, 조사하다'는 뜻의 히브리어 '드라쉬'에서 유래한 말로, 성경 해석 방법 및 그 내용을 담고 있다. 미드라시의 목적은 성경 본문의 의미를 밝혀 거기에 내포된 의미를 간파하고 그로부터 새로운 율법과 원리를 이끌어 내며, 그와 관련시켜 권위 있는 종교적 윤리적 교리를 세우는 것에 있다.

이 발산한다.

피시스(physis)적 사고권에서 태어난 현상학이 이러한 모노와 접촉하면 에로스적으로 변용할 것이다. '있다'라는 사태가 에로티시즘과 함께 사유되는 것이다(다니자키의 문장이 그런 것처럼). 만약 그렇게 된다면 피시스적 사유와 긴밀하게 연관된 서구 기술을 둘러싼 사유에서 과연 어떤 변화가 일어날까? 모노와 다마가 호흡하는, 그림자로 가득한 어둑한 빛이 어떤 기술의 사고를 낳을까? 아직 누구도 답하지 못한 질문이다.

*

유대적 사고의 전통에서부터 많은 것을 얻어 사색했던 레비나스는 '현상학의 에로틱화'를 기획했다. 그는 그리스적 '빛의 철학'의 자장에 강하게 묶여 있는 현상학을 '피부의 철학'으로 다시 만들어, 숨겨진 것과 나타난 것이 교착된 틈에서 체험되는 의식 현상을 기술했다. 그리하여 '에로틱한 현상학'을 만들어 내는 것을 실천한 것이다.

이를 익힌 우리는 '기술론의 에로틱화'를 지향하고자 한다. 오늘날 꼭 필요하다고 생각하기 때문이다. 기술은 두말할 필요 없는 하나의 앎의 방식이기에, 서구에서 발달했던 기술은 거기서 앎의 방식을 규제해 왔던 '알레테이아'(사물을 개명

開明과 관련시키는 것, 숨겨진 것의 덮개를 제거하는 것)를 통해 사고하는 동시에 스스로의 성격을 결정해 왔다. 그리고 서구에서 발달한 기술은 지금도 지구를 뒤덮을 정도의 위력을 발휘해, 마침내는 생명에까지 그 위력을 행사하기 시작하며 인류의 운명에 큰 영향을 미치고 있다. 그야말로 '세계의 유럽화'가 확실하게 진행되고 있는 것인데, 그 과정에서 알레테이아적 피시스론과 거기에서 비롯된 비은닉성을 목표로 하는 피시스적 기술이 가장 큰 영향력을 발휘하고 있다.

이에 대해 하이데거는 강한 위기감을 갖고 다음과 같이 썼다(이 글은 그의 저서 『기술론』의 일본어판 서문에 「일본의 친구에게」라는 제목으로 게재된 것이다).

> 그러나 지금 우리가 전 지구적 규모의 지배라는 관점에서 '유럽적인 것'을 심사숙고하는 한, 다음과 같이 묻지 않으면 안 됩니다. 우리를 둘러싼 이 지배는 어디에서 유래된 것일까. 지배는 그 기분 나쁜 힘을 어디에서 부여받은 것일까. 그 힘에서 지배적인 것은 무엇일까.——우리가 인간과 세계의 관계에 유의한다면, 가장 명백한 특징인 근대기술을 예로 들지 않으면 안 됩니다. 그 결실로 근대 산업사회가 형성되었으니까……
>
> 이제 우리가 그리스어 '테크네'(tékhnē)의 의미에서 기술을

생각해 보면, 이것은 만드는 것에 정통(精通)한 것입니다. 이때 '테크네'는 일종의 앎의 방식입니다. 그리고 **만든다는 것**은 만들기 이전에는 아직 거기에 현존하지 않은 것을 명확히 하고, 접근할 수 있으며, 처치할 수 있는 것으로 내세우는 것입니다. 이렇게 만드는 것, 즉 기술의 고유한 특질은 유럽적인 서구 역사의 내부에서 근대의 수학적 자연과학이 전개됨에 따라 전례 없는 방식으로 실현되고 있습니다…….

피할 수도 제어할 수도 없는 이 힘은 그 지배를 전지구상으로 예외 없이 확대할 뿐입니다. 게다가 시간적으로나 공간적으로나 어떤 단계에 있더라도 늘 극복해 가는 것이 이 힘의 천성입니다. 과학적 인식이나 기술적 발명의 전진은 이 만드는 법칙성에 속합니다…….

잘 생각해 보면, 만드는 힘은 만약 인간이 모든 질문 중에서도 가장 물을 만한 질문에 참을성 있게 머물 각오를 한다면, 인간이 반드시 자기 사명에 어울리는 위치에 도달할 수 있다는 약속을 품고 있는 것입니다. 그 질문이란 서구적·유럽적 사유가 종래 '존재'라는 이름 아래 묘사되기만 하던 것의 본래의 특질이 어디에 숨어 있는지, 어디에 스스로를 은폐하고 있는지 반성하는 것에 다름 아닙니다. (『기술론』)

우리는 이러한 반성이 기술을 서구적·유럽적으로 사유하

는 것과는 다른 지점에서 나온다고 생각한다. 우리는 일본어의 근원어인 '모노'를 둘러싼 사고를 그러한 반성의 발판으로 삼았다. 인간이 행하는 기술적 행동 모두가 알레테이아적 자장 안에서 사고되는 것만도 아니며, 게다가 기술의 본질이 알레테이아적 비은닉성과 그것으로부터 파생된 '만들고' '도발하는' 근대기술과는 다르게 사유되는 것이라면, 그것은 도대체 어떤 형태일까? 이러한 탐구야말로 하이데거가 말한 그러한 '반성'의 최선의 재료라고 생각하기 때문이다.

모노의 본질은 알레테이아(비은닉성)가 아니다. 그것은, 내포공간으로('껍질'이나 '알'의 비유로) 이미지화된 내재성의 강도가 자발성 쪽으로 분열되어 증식하고 내포공간을 극한까지 팽창시켜 '껍질'의 갈라진 틈과 같은 특이점을 통해 실재 안에서 뛰쳐나오는 과정 모두를 포함하고 있는 전(前)-철학적 개념이다. 기술(기예)은 그러한 모노의 운동의 모든 과정에 관여하여 변화의 속도를 높이고 방향을 제어하는데, 피시스의 경우처럼 개명성(開明性)의 빛으로 향하는 방향성은 없으며, 그러한 가운데 '진리'(확실한 사리분별과 확실한 표상)의 빛으로 향하는 동기도 조금도 포함하지 않는다. 다마는 이성(사리분별)과 다르다.

모노는 그늘로 향하는 도중의, 이질적인 형성력의 혼성계로 구성된, 어둑한 빛의 운동자이다. 모노란 철저하게 비인격적 힘의 혼성체를 가리키며, 그러한 모노를 취급하는 기술(기예)은 종교의 영역에서 다양한 형태를 취해 왔다. 모노를 둘러싼 사고는 민족적인 문화의 경계에 국한되지 않고, 많은 문화 안에서 유사한 심화 및 발달을 이루어 왔다. 그런 의미에서 지금도 전 지구적 기준인 서구적 알레테이아의 자장에 놓인 존재사고보다 모노적 존재사고가 훨씬 보편성을 갖는 사고법인 것이다. 거기서부터 '그늘의 기술'이라 불러야 할, 에로틱한 다른 종류의 기술 원리를 도출해 낼 수 있다. 우리는 기술 영역에서 다니자키 준이치로처럼 '음예 예찬'(陰翳禮讚)을 쓸 수 있다. 그것은 기술론뿐만 아니라 종교사 이해의 일변이기도 하리라.

3. 모노와의 동맹

다마와 그것으로부터 파생된 모노에 대한 오리쿠치 시노부의 생각은, 방대한 일본 고전학 지식을 배경으로 하고 있다. 그러나 한편 그는 마르셀 모스의 『증여론』을 시작으로 하는 당시 최신 인류학의 연구성과에 대한 지식도 대부분 실시간으로 얻고 있었기에, 하우나 마나 같은 다른 사회의 영역을 둘러싼 사고에 대한 연구에서도 여러 힌트를 얻었다고 생각된다. 특히 다마가 분열과 증식(후유ふゆ)을 일으키는 과정에 대한 이해

에는 마오리족의 영력 '하우'에 대한 연구가 깊이 관련되어 있는 것 같다.

하우는 생명력의 근원인 비인격적 활동력을 가리킨다. 하우는 비감각적이며, 형태를 갖지 않는다. 그것은 '우리 내부에서 작동하는 활동성'이며, 그 무형 활동성의 유형 '표상'으로서 형태와 물질적 실체성을 갖고 '마우리'를 자신의 내부에서 도출해 낸다. 하우와 마우리의 관계는 다마와 모노의 관계와 매우 닮았다. 다마는 내포적 강도로서 자발적 성장을 하며, 내포공간에서부터 흘러넘친다. 그 과정을 중개하는 것이 상징적 도구인 모노다. 외부 기운과 닿아 실체성을 얻은 다마=영력의 표상인 모노다. 다마-모노와 하우-마우리는 이런 점에서 매우 닮았다.

그러나 더 중요한 점은 하우-마우리가 증식성이나 다산성과 깊이 연관되어 있다는 것이다. 인류학자 베스트(Elsdon Best)가 그것을 훌륭하게 표현한다.

> 토지의 **하우**란 그 생명력, **풍요성** 등이며, 또한 생각건대 위신이라는 말로밖에 표현할 수 없는 성질의 것이다.……
> **아히-타이타이**란 사람, 토지, 숲, 새 등의 생명원리와 **번식력**을 지키기 위해 행하는 제의 의식에서의 성화(聖火)다. 그것은 집의 **마우리** 혹은 **하우라고** 불린다.……

숲의 **마우리**에 대해서는 이미 주목해 보았다. 이미 본 것처럼 그 기능은 숲의 **생산성을** 지키기 위한 것이다.……

하우와 **마우리**는 인간에게만 쓰는 것이 아니라, 동물, 토지, 숲, 그리고 마을의 집에까지 쓴다. 그러므로 숲의 **하우**, 생명력, 혹은 **생산성**은 그 독특한 제의 의식에 의해 지극히 진중하게 보호되어야 한다. …… 왜냐하면 **다산성**은 필수적인 **하우** 없이는 바랄 수 없기 때문이다.……

생물, 무생물을 불문하고 모든 것은 그 생명원리(**마우리**)를 갖고 있다. 그렇지 않으면 무엇 하나 **번성할** 수 없다. (「마오리족 자료·1900~42」, 『석기시대의 경제학』 수록)

베스트의 기술과 함께, 마셜 살린스(Marshall Sahlins)는 『증여론』 안에서 꽤나 불분명한 맥락에서 등장하여 중요한 역할을 수행한 '하우' 개념이 사실은 숲의 다산성과 깊이 연관된 매우 리얼한 존재 개념이라고 밝힌다. 하우는 내포공간에서 물질적 실체성을 띤 세계까지 걸쳐 있는 매우 복잡한 혼성계적 개념으로, '영적인 것'과 '물질적인 것'을 포섭한, 풍성함과 행복에 대한 말이다. 살린스는 이렇게 썼다.

'모든 것은 마치' 마오리 사람들이 포괄적 개념이자 생산성의 일반원리(하우)를 알고 있는 '것처럼 일어난다'. 하우는 '영적'

이라고 하는 영역에도, '물질적'이라고 하는 영역에도 속하지 않지만, 그러한 구별 없이 양쪽 영역 모두에 적용 가능하다. 마오리 사람들은 가치재에 대해, 하우를 교환하기에 생겨나는 구체적 산물로 이해한다. 숲에 대해 말하자면, 하우란 사냥감인 새를 풍요롭게 하는 것, 눈에는 보이지 않지만 마오리 사람들이 뚜렷이 감지하는 힘이다. 그러나 모든 마오리족이 '영적인 것'과 '물질적인 것'을 그렇게 구별할 필요가 있었을까? (『석기시대의 경제학』*)

사고의 유사성은 명백하다. "숲에 대해 말하자면, 하우란 사냥감인 새를 풍요롭게 하는 것, 눈에는 보이지 않지만 마오리 사람들이 뚜렷이 감지하는 힘이다." 확실히 마오리 사람들에게 하우는 '은총의 힘'에 다름 아니다. 사람들은 하우에 의해 살고, 하우에 의해 풍요롭게 되며, 하우에 의해 행복하게 된다. 그리고 그러한 '있음' 그대로의 이 세계에서 은총의 힘의 작용을 느끼고, 그렇게 보은의 마음을 품을 수 있는 사람들에 의해 마오리의 '종교적'인 세계는 이루어진다. 거기서는 '영적인 것'과 '물질적인 것'은 구별되지 않는다. 영과 경제가 하나이며, 존재론과 행복론이 하나이다. 인류학자 필리프 데스콜라

---

* 한국어판. 마셜 살린스, 『석기시대 경제학』 박충환 옮김, 한울, 2014, 223~224쪽 참조.

(Philippe Descola)풍으로 말하자면 거기에는 하우에 의한 '일원론적 인류학'이 성립되어 있는데, 다음과 같이 오리쿠치 시노부의 경이적인 문장을 읽어 보면 그것은 그야말로 다마와 모노의 신토(神道)적 세계의 사건이기도 하다는 것을 알 수 있다.

이전에는 **다마시히**가 어떤 다른 세계에서 **모노** 안에 존재하는 것이었다. 미개 야만의 시대에서 가장 행복한 또는 어떤 종류의 군주가 될 만한, 축복받은 위력의 근원은 수렵 능력이라고 여겨졌다. 나는 이 위력의 근원에 있는 외래혼(外來魂)이 **사치**(さち)라는 이름으로 있었다고 주장하겠다. 즉 오래전부터 사용되었던 말인 **사쓰**(さつ)화살·**사쓰**(さつ)활·**사치**(さち)사람 등이다. 이 **사치**(さち)는 지금도 남아 있는 방언, 또는 그 배경을 이루고 있는 신앙에 대해서는 확실히 추상적인 능력, 혹은 그 능력의 출처가 되는 것을 의미하는 것이다. 보통 야마노사치(山ノ幸)·우미노사치(海ノ幸)*라고 하는 것

---

* '사치'(さち)는 행복, 행운, 자연계에서 얻은 음식을 뜻하는 동시에 사냥감을 잡는 도구라는 의미도 있다. 사냥을 뜻하는 글자 '獵'은 '료'(りょ)라고 읽지만, 아어(雅語)로는 '사쓰'(さつ)라고 읽는다. 저자는 이와 같은 발음의 유사성과 남아 있는 방언에 근거해 자연에서 음식을 얻는 행위인 '사냥'(사쓰)이 행복을 뜻하는 '사치'와 연관된다고 말하는 것이다. 저자가 예로 든 사쓰화살은 '사쓰야'(さつや, 獵矢), 사쓰활은 '사쓰유미'(さつゆみ, 獵弓), 사치사람은 사냥꾼을 뜻하는 '사쓰오'(さつお, 獵夫), '야마노사치(山ノ幸)·우미노사치(海ノ幸)'는 '산에서

은 산에서의 사냥·바다에서의 사냥 또는 축복받은, 이라고 하는 형용으로 설명되지만, 사실은 산해(山海)의 어업과 사냥의 능력이라는 의미로서 위력을 표현하는 것이, 이 말의 오래된 뜻이었다고 생각한다. 그러므로 그 위력을 받은 인간은 야마사치히코(山幸彦)·우미사치히코(海幸彦)**였던 것이다. (「원시신앙」)

수렵시대 고대 일본어로 말하는 사람들에게 '당신들의 행복은 무엇입니까'라고 질문한다면 이러한 답변이 돌아오리라. '그것은 말이죠, 숲의 다마(영력)가 동물의 몸이라는 모노에 휩싸여 나타나면 행복(사치さち)의 힘으로 그 동물들을 잘 잡을 수 있는 것입니다. 그러면 다마의 영력이 우리에게도 나누어져 생명은 늘어나고 우리는 이러한 행복을 맛볼 수 있습니다.' '행복'(さち)이라는 말은, 이 경우 모노라고 하는 용기(수렵의 경우에는 이것은 동물의 몸이 된다)에 담긴 인간 이전에 나타난 숲의 다산력을 표현하는 다마를, 그 용기를 파괴하며 추상

잡은 짐승/해산물'을 가리킨다.
** 야마사치히코와 우미사치히코 형제는 『고사기』와 『일본서기』에 기록된 일본 신화다. 사냥꾼인 야마사치히코와 어부인 우미사치히코가 하는 일을 맞바꾼 것을 계기로 분쟁이 벌어진다. 동생 야마사치히코는 바다의 신과 결혼하여 얻은 신통력으로 형에게서 승리한다. 이 이야기는 일본 고대 부족의 관계를 신화화한 것으로 야마사치히코는 일본 1대 천황인 진무천황의 조부가 된다.

적 힘으로 끌어내 자신들의 체내에 집어넣기 위한 일련의 기술(기예)과 그것에 사용된 도구를 가리킨다고 볼 수 있다.

수렵의 과정은 진혼의 과정과 거울쌍 같다. 진혼에서는 내포공간에 가득 차 성장한 다마가 '껍질'의 용기를 파괴하고 외부 기운 속에서 모노가 되어 나타난다. 그런데 수렵에서는 모노(동물의 몸)의 용기를 파괴하고 그 안에서 숲의 다마를 순수한 추상 형태로 끌어내 인간들이 자신의 체내로 집어넣어 행복의 감각을 맛보는 것이다. 진혼에서는 모노노베 씨족의 기예인 '영체를 결수(結修)하는 진혼의 방법'이 다마의 변용을 촉구한다. 그것이 수렵에서는 '행복'(さち)의 기예 능력에 의해 영력의 삽입으로 일어나는 것이다. 어느 쪽이든 각자의 기술이 다마의 변용을 매개한다. 그리고 비감각적인 영력과 물체성이 서로를 교환하면서 기술에 의해 하나로 결합되어 진혼법과 수렵은 하나의 원환을 이룬다.

이러한 수렵사회의 사고방식 안에서 우리는 최초의 '존재의 철학'이 출현하는 것을 발견할 수 있다. 여기서 주목해야 하는 것은 하이데거가 알레테이아의 '진리'에 이어진 것으로서 피시스의 의미권에 위치시킨 기술(테크네)이 여기서는 불합리한 '증식'의 사실에 결부되어 사고되고 있다는 것이다. 모노적 기술은 피시스적으로 사고된 기술과는 달리 증식이나 변용이나 분열에서 일정하고, 변화하지 않는 동일성을 사고할 수 있

는 것처럼 현실에 적용된다. 그리하여 그것은 진리가 아니라 인간에게 구체적인 행복(さち)을 선사한다.

 게다가 그 모노적 기술은 인간 종교의 근원인 '믿음'에 깊이 연결되어 있다. 수렵사회 사람들은 모노(동물이나 식물의 몸)로 화신(化身)한 숲의 다마가 자신들에게 자연의 선물을 증여해 주었다고 깊이 믿었기 때문에 위태롭고도 도박 같은 행위를 계속할 수 있었다. 여기서 '믿음'이 발생한다면 '예'(禮) 또한 발생한다. 사람들은 숲의 다마시히(후에는 이것을 숲의 신이라고 이미지의 운동을 고정시켜 견고하게 표상하여 생각하게 되었지만)의 본성은 '선'(善)하며 그 '선'한 힘은 스스로 증식을 일으켜 '있는' 세계를 풍요롭게 해준다고 믿을 수 있었다. 인간은 이에 대해 '예'를 만들 필요가 있다. 욕심부리지 않고 필요 이상으로 빼앗지 않고 위대한 것 앞에서 조심스럽게 머리를 숙이는 것이다.

 근대의 현상학에서 생겨난 하이데거의 존재론과 비교하면 얼마나 풍요롭고 넓고 깊은 '있음(ある)의 철학'이란 말인가. 우리는 오늘날 그러한 '있음의 철학'의 감동적인 표현을 아메리카 원주민의 정신적 전통, 티베트 불교 정신, 신토의 자연철학 등에서 겨우 볼 수 있을 뿐이다. 오늘날 세계에서 물질적인 증식이 무서운 속도와 양으로 진행되고 있지만 그 '사물의 증식'을 포함한 전체성의 직관은 잃어버렸다. 때문에 모노는

애초에 사물일 뿐이 아니며, 게다가 그 사물은 상품이 되고 정보가 되고 화폐가 되어 유통과 네트워크상에서 빠르게 운동하면서 눈이 팽팽 도는 변태(變態)를 하면서도(상품-화폐-상품-화폐-······) 가치로서의 동일성을 절대 잃지 않는다.

이러한 세계를 물질주의라고 부르며, 나는 거기에 정신적인 것으로 대항하는 것도 무모하다고 생각한다. 그보다 중요한 것은 물질이나 정신이 아니라 모노의 깊이를 알고 그것을 체험하는 것이다. 모노는 기술의 본질을 가리킨다. 그리고 그것은 동시에 종교와 윤리의 시작에 이어져 있다. 정신과 물질을 분리하는 순간 그러한 모노는 보이지 않게 되고 말 것이다.

*

다마-모노도 하우-마우리도 큰 동일성 내부에서부터 증식이 일어난다. 수렵사회 '최초의' 사상가들은 이 동일성을 하나의 개념 안에 고정하려 하지 않았다(이 다마가 '신'으로 불리게 될 때에야 그러한 개념화가 일어난다). 성장, 변태, 질적 변화 등 모든 과정을 함축한 전체가 다마이자 하우인데, 그 내부에는 '변화하지 않는 것', '언제까지라도 동일성을 보존하고 있는 것'에 대한 관대한 개념이 있고, 그것은 지극히 애매한 모습으로 '모든 토대에 있는 것'이라든가 '전체를 포괄하고 있는 것'처럼 표현된다. 하지만 분명 그러한 흔들림 없고 변화하지 않는 토대에서부터 증식이라는 현실이 일어난다. 따라서 이 사회의 사람들은 동일성의 토대를 파괴하는 증식의 사실을 '선물'이라든가 '증여'로 표현하여 등가적 교환과 확실히 구별하는 것이다.

불변의 동일성이라는 신 개념은 사람과 사람, 공동체와 공동체 사이에 성립하는 '교환'의 여러 형태와 사물의 의미를 명확히 하는 법에 의해, '정의'(正義)나 가지각색의 '사리분별'을 지탱하는 능력을 가진다. 그러나 이 신 개념만으로는 행복과 풍요의 근원에 있는 증식의 현실이 만들어지지 않는다. 동일성을 지탱하는 신과 함께 자본의 신, 증식의 신이 인간에게 필요한 것이다. 이는 다마나 하우 같은 느슨한 '있음의 철학'에서 대단히 자연스럽게 실현된다.

그러나 유대교나 그리스도교처럼 불변의 동일성인 채로 '창조되지 않은' '변화하지 않는' '정의 그 자체인' 신이 단 하나의 신 개념으로서 크게 부각된 종교에서는 현실의 생활 안에 나타나는 은총이나 증여나 증식의 문제를 그 신의 개념 안에 포섭하는 것이 사상가들에게 큰 문제로 대두된다. 사실 4, 5세기경 초기 그리스도교의 사상가들에게 '있다'(ある)는 동일성을 지니지 않았기에, 은총을 인간에게 부여하는 현실을 어떻게 파악하느냐가 하나의 난제였다. 즉 그리스도교의 '성령론'

문제다.

　그리스도교에서는 처음부터 다마나 하우에서 본 것과 같은 내재성 안에서의 물체성(신체성) 출현, 또 다마·하우의 전체 운동과, 그다음 출현하는 개체성을 가진 '아이들'과의 동질성을 둘러싼 사고구조와 지극히 유사한 구조의 문제를 품고 있다. 예수 그리스도가 신의 '아들'이기 때문이다. 그런데 예수의 신은 유대교의 신이며, 예수의 '아버지'인 이 신은 태어나지 않은 것으로서, 영원의 동일성 안에 머물러 있는 분이다. 이 '아버지'가 육체를 지닌 예수를 인간의 세계에 귀중한 선물로서 '증여'한다. 그리고 이 '아들'은 동일성 안에 머무른 신의 '로고스'(말)로서 신의 빛에 대해서 인간들에게 말한다.

　그러한 예수의 일생 모든 장면에는 '성령'이 항상 따라다닌다. 사실 『성서』는 구약·신약을 막론하고 이러한 성령에 관한 기술로 가득하다. 가령 다윗의 다음과 같은 노래. "말씀으로 하늘 만들어지고 / 그 만상이 주님의 숨결로 이루어지도다."(「시편」 33:6) 이것을 해석한 초기 그리스도교의 사상가 장님 디디모스는 이렇게 썼다. "사실 '주님'이란 아버지 하느님, '말'(로고스)이란 하나뿐인 아들이며, 이 [아들]을 통해 [아들]에 의해 [하늘은] 만들어졌다고 말하며, '영'(숨결)이란 자립존재자이며(to enypostaton), 신의 성스러운 영이며, 이 분에 의해 성스러운 것, 힘 있는 것이 된다고 말하는 것이다." (『삼위일체론』) 다른 원리에 의해 창조된 것이 아닌, 자립존재자로서의 신은 형태형성성(形態形成性)*인 로고스를 통해 이 세상에 완전하게 원만성을 띤 성스러운 장소(우주)를 만든 것인데, 아인슈타인의 우주 방정식 같은 형태형성성의 로고스가 힘을 부여받아 작동하고 성장하고 위력을 띤 것이 되려면 신에 내장된 영(숨결)의 운동력이 작동해야 했다고 이 사상가는 생각한다. 숨결을 내쉬면서 우주를 풍요로 채워 나가는 자립존재자란 그야말로 우리가 다마나 하우를 통해 생각해 왔던 것과 동일하며 힘에 의해 충만한 '있음'이 아닐까.

그리스에서 발달했던 '존재의 철학'을 배운 이러한 사상가들은 예수 그리스도의 성령의 작동에 함축된 그 생애의 의미를 사고하여 점점 이 모순을 품고 운동하는 전체성을 '삼위일체'로 사고했던 것이다. 여기서 이 시대에 성립되어 가는 성령론의 요점을 정말 적확하게 정리한 장님 디디모스의 『삼위일체론』(4세기 후반) 기술을 보자.

믿는 자들의 마음에 머무르는 성령의 거처로 거듭나고자 열

---

* **형태형성**(形態形成, morphogenesis) : 생물의 발생 시 새로운 조직 또는 기관의 분화·성장을 통해 고차원적 형태가 조성되는 과정. 다세포생물은 동물이든 식물이든 모두 세포로 구성되어 있다. 세포는 모여서 여러 가지 조직과 기관을 형성하며, 그들 조직과 기관이 복잡하게 조합되어 개체를 구축한다.

망하는 자는 한 번 (세례의 때에) 그들을 비추는 다가가기 어려운 빛을 쬔 자들로, 주께서 세례성사의 제정에 대해 명하신 것처럼, 스스로 태어난 신인 성부와, 그 '성부'에게서 나시어 '성부'와 함께 실재하시며 사랑받으시는 독생자 성자이신 말씀(로고스)과, 단 하나뿐인 그 '성부'의 실질(휘포스타시스 ὑπόστασις)에서 시작도 끝도 없이 발출되는 성령을, 한결같이 우러러 받들지어다. (……) 실로 아버지께서는 그 선성(善性)으로 인해 그것(만물의 창조)을 시작하셨는데, 독생자 '되는 아들'이 형성하시고, 신의 영이 성화(聖化)하여, 그 성화에 의해 완전한 것이 되고 비추고 강력한 것이 되고 살아 있는 것이 되었다. 모든 것 안에서, 또 개개의 것 안에서 전체로서 존재하며, 그 선성에 의해, 모든 것에 의해 전체가 향유되고 수용된다. 게다가 분할되지 않고, 다른 것으로 옮기지도 변하지도 않는다. 오히려 언제나 모든 것의 숨결에 주고 계시는데, 일부를 부여받은 것은 아니다. 육체에 더럽혀지지 않고 자기의 청정함을 간직하고, 신에 어울리는 방법으로 모든 것을 비추며, 아버지의 샘에서 실재하는 것으로서(enypostatos) 빛나는 성스러움, 사랑, 평화, 지혜, 은혜, 안전, 모든 선한 것으로 가는 곳마다 채우는 것이다. (『삼위일체론』)

이러한 문장이 쓰인 것은 이 당시 성령의 위치를 둘러싸고 그리스도교 내부에서 격렬한 논쟁이 일어났기 때문이다. 예수의 행적에는 가는 곳마다 성령의 활동이 항상 따라다닌다. 예수의 제자나 신자들은 인류학자라면 아마도 '트랜스' 현상이라고 부를 만한 황홀한 상태에 자주 빠져 그 안에서 지복의 감정을 맛보며 정신적으로도 육체적으로도 치유되는 체험을 하고 있는데, 이 상태를 성서 작가들은 '성령으로 충만해졌다'고 표현한 것이다.

> 마침내 오순절이 되어 신도들이 모두 한 곳에 모여 있었는데 갑자기 하늘에서 세찬 바람이 부는 듯한 소리가 들려오더니 그들이 앉아 있던 온 집안을 가득 채웠다. 그러자 혀 같은 것들이 나타나 불길처럼 갈라지며 각 사람 위에 내렸다. 그들의 마음은 성령으로 가득 차서 성령이 시키시는 대로 여러 가지 외국어로 말을 하기 시작했다. (「사도행전」 2:1~4)

이러한 '영'의 활동에서 그리스의 이성철학도 알고 있는 그리스도교 사상가들은 처음에는 당황하며 안에는 영의 활동 같은 부조리한 것이 없다고 부정하거나 합리화하려 하는 자도 나타났다. '정통'이라 불리는 사람들은 이것을 적극적으로 긍정하고 돌발적이며 불가해한 예측불능의 발출을 일으키는, 날듯이 뛰어올라 점점 더 성장을 하는 이 영의 활동을 존재(있음) 그 자체인 신의 전체성 안에서 정확히 위치시키려는 노력을 했다. 여기서부터 그리스도교의 독특한 '삼위일체' 사상이 만들어진다.

*

이렇게 만들어진 삼위일체론은 '있음'의 진실을 표현하기 위한 실로 탁월한 사고구조를 갖고 있다. 내 생각으로, 삼위일체론으로 인해 인간은 처음으로 '자본'이라는 것을 처리하는 논리를 개발한 것이다. 다마나 하우는 원체 처음부터 '있음'에 내재하고 있는 자본의 원리에 닿으려고 했다. 실제 하우는 마오리 사람들에게 있어 '넘어서는, 넘어서고 있는' '과다(過多), 필요한 정도를 넘어서는 부분, 여분'으로서도 이해되고 있다. 이것은 하우의 활동이 동일한 가치를 지닌 것끼리 교환되는 관계를 넘어선 '과잉된 부분'을 나타냄을 의미한다. 살린스는 그에 대해 다음과 같이 말했다.

> '이윤'이라는 용어는 경제적, 역사적으로 볼 때 마오리족과 어울리지 않을지도 모른다. 그러나 문제의 하우를 '영'(靈)이라 번역하는 것보단 한결 낫다는 생각이 든다.……
> 흡사 선물인 하우가 그 물질적 수익인 것처럼 숲의 하우는 다

산성이다. 교환의 세속적 맥락에서 하우가 어떤 재화에 대한 이익인 것처럼, 영적 특질인 하우는 풍요성의 원리나 다름없다. (『석기시대의 경제학』)*

다마-모노에 대해서도 똑같이 말할 수 있다. 고전과 민속에서 다마는 다산성의 원리를 나타내는데, 인류학자가 기록한 하우의 현실적 용례에 비춰 보면 이 다산성에 드리운 '이익' 부분이 이후 행복마저 의미하는 '사치'(さち)에 해당하는 것이리라. 이 말에서 신토의 언령가(言靈家)주술사를 말함나 민속학자에게는 잘 알려져 있는 어원적(언령적) 분석을 해본다면 이것은 '사'(さ)음과 '치'(ち)음으로 분해된다. '치'는 넓게 영적인 위력을 표현하는 말이다. 그런데 '사'는 선단, 곶(岬), 분기점, 머리(頭部) 등 사물 일체의 선단부분에 관련된 것으로 알려져 있다.

문자 그대로 '사치'(さち)란 '자본'(capital)을 의미한다. 서양 고전학자 어니언스(Charles Talbut Onions)에 따르면 자본의 어원은 라틴어 카푸트(caput)인데, 이 말은 이자에 따라 불어나는 금전을 표현하는 동시에 인간의 머리나 지리적으로 곶의 돌출부를 나타내는 말이었다. 로마인은 (로마인만이 아니라 살

---

* 마셜 살린스, 『석기시대 경제학』, 232쪽, 243쪽 참조.

해당한 적의 머리와 몸통을 잘라 내는 습속을 갖고 있던 모든 민족에 있어서, 라고 하면 전투에서 머리를 잘랐던 일본인도 이 안에 포함되겠다) 인간의 신비한 생명력은 머리 부분에 깃든다고 생각했다. 아마도 오리쿠치 시노부도 추측한 대로, 식물 생태에서 유추(analogy)하여(식물은 싹의 선단부에서 격렬한 분열과 증식이 일어나 성장한다), 인간 생명력 모두가 신체의 선단부(caput)인 머리에 있다고 생각했던 것이다.

거기서 '자본'(capital)이라는 말이 만들어진 것이다. '있을' 뿐인 세계에서 모든 증식은 사물의 선단부분에서 일어나기 때문에, 이자에 의해 금전이 늘어날 때도 화폐의 머리 즉 캐피탈 부분에서 증식이 일어난다는 사고방식은 정말 도리에 꼭 들어맞는다고 할 수 있다. 그러나 로마인의 합리적 사고방식에서는 이 증식의 현실을 논리에 따라 추려 낼 수 없었다. 로마인은 패러독스 사고나 부정신학적 사고를 좋아하지 않았고, 비율과 평평한 동일성 사고를 좋아하는 경향이 있었다. 증식의 현실은 동일성을 지닌 것에서 '넘어감, 흘러넘침, 과잉'에서부터 생겨나는 것이기에, 그리스의 합리적 철학으로는 그것을 다루기는 힘겹다. 그것을 다룰 수 있는 논리야말로 사실 그리스도교의 삼위일체론 구조인 것이다. 삼위일체론에서는 심원한 동일성의 장소(아버지)에서부터 동질의 '아들'이 태어난다는 신앙상의 사실을, 성령의 작용을 매개로 정묘한 (패러독스)

논리에 따라 설명할 수 있다. 물론 설명이라 해도, 흘러넘치는 충일력(充溢力)에 의해 증식적인 작용을 일으키는 성령이라는 것이 처음부터 논리의 구조 안에 설정되어 있기에 은총이나 사랑이나 지복이라 하는 신앙적 현실을 가리키는 구조와 평행(parallel)관계를 이룰 뿐이며, 이는 결코 합리주의 사고를 만족시킬 수 없다. 그 구조와 그것을 표현하는 논리를 받아들일 수 있으려면 신앙상의 '회심'(回心)이 필요하다. 그러나 로마의 현실 경제생활에서 매일 일어나는 사건은 삼위일체의 논리에 의한 현실의 해석을 요구하는 것이었다. 상인적 자본주의는 사물의 머리에서 일어나는 증식작용을 매일 체험하는 것이니까.

자본주의는 동일성과 증식성과의 복잡한 결합에서 이루어지고 있는 시스템이다. 그 사회는 모든 것의 상품화를 진행하고 있기에 모든 사물을 등가교환의 원리를 따르도록 강제한다. 그걸 위해 철저한 합리화가 사람들이 보내는 구석구석까지 침투하는 것이 여러 방법을 통해 골고루 퍼져 가는 것이다. 표준(standard)이 생활의 모든 영역에 확장되어 가면서 그것은 서서히 실현되었다. 이러한 강제력은 산업자본주의가 발달해 간 근대가 되자 더욱 더 인간의 오감과 직관의 세부까지 침투해 갔다. 그 과정을 깊은 차원까지 분석했던 막스 베버는 그 표준화가 가령 피아노의 대량생산이 요구하는 조율의 일률화의 결과 모든 '12음 평균율'의 완성을 이끌어 어느새 '12음 평균율'에 따른 작곡이나 연주만이 유일한 음악적 창조라고 생각하게 되고 만 것을 분명히 밝힌다(막스 베버, 『음악사회학』). 감각의 평준화가 육체의 깊은 차원에도 진행되고 있는데, 이것은 확실히 교환가치의 배후에서 작동하는 '동일성'의 원리를 표현하는 화폐 작동과 같은 것이 감각의 내부에서 일어나고 있는 것을 가리킨다.

베버는 자본주의의 특징을 그 형식적 합리성 안에서 보여 준 것이다. 확실히 사회에서는 사물의 계량 가능성이나 예측 가능성이나 효율성 원칙 등에서 중요한 가치가 주어지는 것 같다. 이 합리성은 도구처럼 이용되어, 우연이라 불리는 우연을 폐기하려 한다. 그런데 이것은 자본주의가 가진 일면에 불과하다. 자본은 효율성 원칙이 추구된다고 도저히 생각되지 않을 인간 생활의 모든 장면, 소비인지 생산인지 구별되지 않으면서도 인간 생활에 유용한 모든 것들이 형성되는 장을 생활 현장에서 분리하고 추상화하고 말았으며, 그것을 자신의 가치증식의 장으로 만들어 버렸다. 즉 인간에게 유용한 경우의 모든 것을 가치증식이 일어나는 '곳'에서, '머리'에서, 다시 만들려고 하는 것이다. 지금 세계 전면이 카푸트(caput)에서 변모하려 하고 있다. 다시 말해 부조리가 도처에서 일어나는 세계가 현실이 된 것이다.

이러한 가치증식의 '곳'에서는 더 이상 형식적 합리성은 그다지 작동하지 않는다. 마르크스가 문제시한 것은 이 자본주의의 가치증식 구조였던 것이다. 그에 따르면 그 '곳'에서 가장 기본적인, 다음과 같은 구조가 작동하고 있다.

자본은 노동을 산 노동으로, 부의 일반적 생산력과 부를 증가시키는 활동으로 구입한다. 그 결과 노동자는 에서(Esau)*가 한 그릇의 편두(扁豆) 대신 그의 상속권을 버린(「창세기」 25:21 이하) 것처럼 어떤 현존의 크기인 노동능력 대신 그 **창조적 힘**을 버리게 되므로 이 교환에 의해 **부유**해질 수 없는 것은 자명하다. 오히려 그가 가난해질 수밖에 없는 것은 지금 우리가 본 대로다. 그가 가진 노동의 창조적 힘이 자본의 힘이자 **타인의 힘**으로서 그와 대립하기 때문이다. 그는 노동을 부의 생산력으로서 **양도하고**(enäußert sich), 자본은 노동을 그러한 것으로서 자신의 것으로 삼는다. (······) 이렇게 노동자의 노동 생산성은 일반적으로 그의 노동이 **역능**이 아니라 운동이며 **현실적** 노동인 한에서 그에게 **타인의 힘**(Fremde Macht)이 된다. 역으로 자본은 **타인의 노동을 영유**(領有)하면

---

* 에서는 이삭의 처 리브가가 낳은 쌍둥아이 중 큰아들로서 그 별명은 에돔이다. 그는 어려서부터 사냥을 좋아하여 그 사냥한 고기로 부친 이삭을 기쁘게 하였다.

서 자기 자신을 가치증식시킨다. (『경제학비판요강Ⅱ』*)

마르크스가 여기서 쓰고 있는 '역능'이라는 라이프니츠적 개념은 성령의 작동을 둘러싼 신학에 깊이 연관되어 있다. 성령은 어떤 동일성에도 머무르지 않는 다양체로서 작동한다. 그것은 고립된 개체를 결합하고 증식을 촉구하여 인간 영혼을 창조로 이끈다. 흥미롭게도 라이프니츠 철학이 만들어진 때부터 유럽에서는 '자유령'(自由靈)에 이끌리는 다양한 종교운동이 발생했다. 아버지와 아들과 성령이 만들어 이루는 삼위일체의 고리 안에서부터 성령만이 이상하게 비대해져서, 결국 이 고리를 빠져나간 자유령이 되어 사람들에게 빙의되고 신의 말을 직접 말하는 운동이 영국을 중심으로 대유행했던 것이다.

이러한 성령주의 유행은 확실히 자본의 발달과 연동되어 있다. 사람들은 자본주의 정신의 형성과 성령의 작동 사이에서 유사성을 감지한다. 자본은 스스로의 힘으로 가치증식을 일으켜서, 그 '첨단'(岬)에서 격렬한 분열과 증식의 활동을 일으키는 것이 된다. 사람들은 그런 자본의 본질을 바르게 인식하고 표현할 수 없는데, 거기서 작동하고 있는 것은 데카르

---

* 한국어판. 카를 마르크스, 『정치경제학 비판 요강 Ⅱ』, 김호균 옮김, 그린비, 2007.

트의 신 같은 것이 아니며, 자신들이 살아 있는 사회의 본질을 동일성의 논리에서 설명할 수 없으며 이러한 부조리는 삼위일체의 논리 특히 그중에서도 성령론에 의지해야 설명할 수 있다는 것을 무의식적으로 알고 있는 것이다.

그러나 마르크스는 이러한 자본 안에서 작동하는 성령적인 것의 이미지가 한 면으로는 바르기도 하지만 더 본질적인 면에서는 틀리기도 하다는 것을 확실히 인식하고 있다. 성령은 살아 있는 '역능'으로서, '있다' 그 자체로 있는 아버지에게서 육체를 갖고 아들이 태어나는 것을 촉구했다. 이러한 역능은 신을 모델로 만들어졌다는 인간 안에도 틀림없이 작동하고 있다. 그런데 인간 안에서는 아직 성령으로서의 본질을 보존하고 있는 이 역능이, 자본이 자기 자신을 재생산해 가는 근대의 사회 총 과정 안에서는 단순한 '운동'이 되고 만 것이다. 내포공간 안에 충만하고 증식하며 다양한 발아를 일으키는 성령적 역능은 본질적으로 '증여의 공간'에 소속된 것이다. 자본주의는 인간의 모든 유용한 물품을 상품화해 버렸다. 그때 증여의 공간은 순식간에 소멸한다. 그리고 역능도 상품화되어 노동력이 된다. 그 노동력을 이용해 자본은 스스로의 '곳'에서 가치증식을 일으키는 것이다.

숲의 하우는 인간들에게 부유함을 가져오고 다마의 활동의 선단부(거기서 다마는 신체성의 용기인 모노로 변용한다)에서

는 '사치'(さち)가 나타난다. 그런데 자본이 생산하는 '행복'이란 하우, 다마, 성령의 유해가 퇴적된, 겉보기로 증식해 가는 환상인 것이다. 거기서는 '사치'에 있던 현실(real)은 이미 없다. 그리스도교의 삼위일체론은 자본의 출현에 대비했다. 그런데 그것이 출현한 뒤에는 고대적 풍요로움을 품은 채 삼위일체론 그 자체가 침묵 속으로 사라져 갔다.

*

여기서 모노와의 동맹이 필요하다. La Nouvelle Alliance(새로운 동맹). 일리야 프리고진(Ilya Prigogine)과 이사벨 스텐저스(Isabelle Stengers)가 이 말을 쓴 지 20년도 더 지났다. 그러나 약속의 땅을 예감하게 하는 이 말은 아직 낡지 않았다. 나의 생각은 이렇다. 새로운 동맹은 모노와의 동맹이어야 한다. 비인격적 역능, 얼기 직전의 해수와도 같은 물체성의 모노, 옛사람들이 영력이라고도 성령이라고도 부르던 비감각적 내포력 등이 혼성계를 이루면서 복잡한 전체 운동을 하고 있는 그러한 모노와의 사이에 인간은 진실의 동맹관계를 만들 필요가 있다.

인간이 이 동맹자의 모습을 잃어버린 지 오래되었다. 그사이 모노는 단순한 물건(오브제)이 되고 은총의 증식력으로

부풀어 가던 그 강도의 장소는 숫자만 엄청난, 그림자 같은 상품으로 다시 만들어져, 모노의 '후유'(ふゆ) 과정은 자본의 증식으로 변모하고 말았다. 그 결과 한편으로는 인간 세계에 윤택한 풍요로움을 선사하고 있는 증여의 원리는 세계의 표면에서 사라졌고, 한편으로 종교는 많은 부분이 자본 논리의 다른 표현에 불과한 각종 컬트로 퇴락하고 말았다.

모노와의 새로운 동맹관계의 창조가 지금 여기서 요청된다. 모노는 이성(사리분별)의 적이 아니며, 하물며 정신에 대립하는 물질성의 체현자도 아니다. 모노는 어둑하고 어두운 빛 안에서 생겨나는, 사물에서 '사리분별'을 일으키는 알레테이아의 밝은 빛의 세계로 향한다고 생각했더니, 어느새 다시 어둑한 빛 안으로 틀어박히려 한다. 그리스인에게 피시스가 정말 하이데거가 그린 것과 같은 것인지는 의심스럽다. 아직 피시스도 모노와 마찬가지로 어둑한 빛의 영역의 주인이며, 최후까지 그 성격은 간직하고 있지 않았을까.

변해 버리고 만 것은 피시스가 아니라 인간이 아닐까? 그런데도 마치 피시스가 자신 내부에 품고 있는 운명(도발적 테크네로 필연적으로 향해 간다고 하는) 때문에 인간의 운명도 결정되어 버린 것처럼 말한다. 아마도 모노에도 피시스에도 결정된 운명이라고 하는 것은 애초에 없을 것이다.

이 동맹관계의 수립에 당면하여 '기술'이라는 것이 큰 의미를 갖고 있으리라. 우리가 여기서 보여 준 것처럼 다마와 모노 사이에 존재하는 미묘한 차이에는 내포공간의 강도와 그것에서 작동하는 기술과의 섬세한 관계가 반영되어 있다. 모노는 그 자체가 이미 도구이자 기술이며, 인간은 그 모노를 잘 이용하여 오랫동안 어둑한 빛으로 충만한 내재성의 공간을 모험하고 전통을 통해 개인의 내적 체험을 큰 공동체 지식의 집적체로 성장시킨다.

가령 수만 년에 달하는 샤머니즘의 탐구는 보다 고도로 세련된 명상 체계로 수용되어 지금에 이른다. 그것은 대뇌와 신경조직의 내부에서 일어나는 양자론적 과정에 접어드는 몇 개의 특별한 기술을 개발시켜 갔는데, 그 덕분에 인간은 어둑한 빛이라고 하는 것이 어떤 역능을 갖고 내재공간에서 어느 정도로 운동을 전개하는지를 빠짐없이 관찰할 수 있다. 그 탐구의 결과는 의외로 니체의 결론과 같은 것이다. 신은 존재하지 않는다(에크하르트Meister Eckhart는 이 체험에서 '무無의 신'이라는 표현을 얻었다). 초월로서의 신은 존재하지 않고 다만 영원회귀하는 모노만이 있다. 그러면 종교는 어떻게 되는 것일까.

종교는 모노와의 새로운 동맹을 이루는 여러 실천으로 해체 흡수된다. 다양한 실천, 그것은 개인의 탐구이며, 협동의 실천이고, 전승문화 운동의 모습을 갖고 있으며, 시민운동이라고 불리는 것이기도 하다. 나타난 모습은 다양하다. 그러나 그 모든 것이 하나의 공통점을 가질 것이다. 그것은 비인격적인 모노에 대한 사랑이다. 인간주의(휴머니즘)의 좁은 도랑을 넘어서 자본의 메커니즘을 능가하고 넓은 모노의 영역으로 접어 들어 가는 것이다. 그때 종교는 죽었다 되살아날 수 있다. 종교가 스스로의 죽음과 부활을 두려워하면 안 된다. 가장 앞서 그것을 설명한 것은 종교 자신이었으니까.

인용·참고도서

宇仁新治郎, 『石上伝承鎮魂の研究』, 宇佐美景堂, 『靈体結修鎮魂之要諦』, 靈相道出版, 一九七三年.

折口信夫, 「原始信仰」, 『石に出で入るもの·生活の古典としての民俗(民俗学3)』(全集一九卷), 中央公論社, 一九九六年.

──, 「靈魂の話」, 『古代研究(民俗学篇2)』(全集三卷), 中央公論社, 一九九五年.

擬ディディモス, 『三位一体論』(小高毅 訳), アタナシオス/ディディモス『聖靈論』緒言, 創文社, 一九九二年.

M.サーリンズ, 『石器時代の経済学』(山内昶 訳), 法政大学出版局, 一九八四年. (마셜 살린스, 『석기시대 경제학: 인간의 경제를 향한 인류학적 상상력』, 박충환 옮김, 한울, 2014.)

谷崎潤一郎, 「陰翳礼賛」, 篠田一士 編, 『谷崎潤一郎随筆集』, 岩波文庫, 一九八五年. (다니자키 준이치로, 『음예 예찬』, 김보경 옮김, 민음사, 2020 / 『그늘에 대하여』, 고운기 옮김, 눌와, 2005.)

M. ハイデッガー, 『技術論』, 選集一八卷(小島威彦·アルムブルスター 訳), 理想社, 一九八五年.

──, 『ヘラクレイトス』全集第五五卷(辻村誠三·岡田道程·グッツォーニ 訳), 創文社, 一九九〇年.

E. ベスト, 「マオリ族資料 (一九〇〇~四二)」, M. サーリンズ, 『石器時代の経済学』前揭.

K. マルクス, 『経済学批判要綱 II』(高木幸二郎 監訳), 大月書店, 一九五九年. (카를 마르크스, 『정치경제학 비판 요강 II』, 김호균 옮김, 그린비, 2007.)

E. レヴィナス, 『全体性と無限』(合田正人 訳), 国文社, 一九八九年. (에마뉘엘 레비나스, 『전체성과 무한』, 김도형·문성원·손영창 옮김, 그린비, 2018.)

옮긴이 후기

이 책을 처음 만난 건 2018년 '소생 프로젝트'라는 고전비평공간 규문의 프로그램을 통해서였다. '소생 프로젝트'는 낯선 장소를 여행하고 배우면서 '몸으로 공부하자'라는 취지의 프로그램이었고, 그 첫번째 여행지는 이란이었다. 당시 나와 친구들은 여행을 앞두고 그곳의 역사와 문화를 공부하고 있었다. 물론 이슬람에 대한 조사도 함께 진행했다. 상대적으로 생소한 문화권이다 보니, 이슬람이 어떤 종교인지, 이슬람의 사고와 생활방식은 어떤지, 무엇보다 지금 우리가 이슬람을 공부하는 의미가 무엇일지 여러 가지로 막막했다. 그래서 이슬람 문화를 좀 더 구체적으로 이해해 보자는 의미에서 고른 책이 나카자와 신이치의 『녹색 자본론』이다. 일본어를 조금 할 줄 안다는 이유로 내가 번역을 맡게 되었다. 여행을 앞두고 부랴 부랴 작업한 번역문은 여행 중 밤마다 진행된 세미나의 텍스트로 우리와 동행했다. 그 세미나를 생각하면 아직도 부끄러운데, 당시 나는 이 글이 무슨 내용인지 제대로 파악도 못하고 일본어와 우리말을 매치하는 데 급급했기 때문이다. 친구들은 한국어로서도 엉성하기 짝이 없는 번역문을 붙들고 열심히 해독(?)해 주었다. 덕분에 이란이라는 머나먼 땅에서 나는 『녹색 자본론』을 제대로 만날 수 있었다. 여행을 위해 번역을 시작했지만, 결과적으로 여행이 있었기에 책 번역 작업을 계속 진행할 수 있었던 셈이다.

이란 여행은 『녹색 자본론』에 묘사된 이슬람의 바자르를 비롯해 이슬람 문화권을 직접 경험할 수 있었던 기회였다. 우리는 책을 통해 이슬람이 '움마'라는 공동체에서 출발했다는 것을 알고 있었다. 하지만 도시에 살고, 종교성과는 동떨어진 삶을 사는 우리로서는 공동체를 유지하는 종교의 힘이 무엇인지 알 길이 없었다. 『천일야화』를 읽으며 상상한 낭만적이고 이국적인 이슬람 공동체 이미지는 여행을 하는 동안 산산이 부서졌다. 어느 동네를 가나 비슷하게 늘어선 좌판, 작업실과 상점의 구분이 모호한 장인들의 가게, 그 옆에 당연하게 연결되어 있는 마을 회관 같은 모스크, 시간 맞춰 울려 퍼지는 아잔 소리, 성(聖)과 속(俗)이 꼭 붙어 있는 공간, 그리고 이슬람 전통복장을 입은 사람들. 이란에서 이슬람이라는 종교는 관념이 아니라 실질적인 행위양식이었고, 공동체를 구성하는 중요한 원리였다. 이 여행을 통해 나카자와 신이치가 『녹색 자본론』에서 말하는 신성과의 '직접적 연결'을 미미하게나마 실감할 수 있었다. 그렇지 않았다면 나카자와 신이치가 말하는 '원리로서의 이슬람'을 구체적으로 이해하기 어려웠을 것이다.

여행에서 돌아와 다시 『녹색 자본론』을 읽으면서 가장 많이 생각한 것은 풍요로움에 대한 것이었다. 이 책에 실린 글들은 각각 '풍요로운 세계'가 안고 있는 근본적인 위태로움을 말하고 있기 때문이다. 「압도적 비대칭」은 인간이 비인간존재를 착취하여 얻어 낸 풍요로운 세계에서 광우병과 조류인플루엔자 등 비인간존재의 '테러'가 덮칠 거라는 공포를, 「녹색 자본론」은 이슬람 경제논리를 경유해 자본주의적 풍요로움이 사실 전혀 합리적이지 않다는 것을 보여 준다. 또 「슈토크하우젠 사건」은 '안전'이라는 미명 아래 사상과 예술의 자유가 희생되고 있음을 알린다. 지금 나는 21세기, 남한, 서울이라는, 역사상 가장 풍족한 시공간을 살아가고 있다. 무엇을 입고 먹을지 걱정하지 않아도 되고 질병의 위험도 적다. 기대수명도 길고, 정치적으로도(비록 예기치 못한 변수로 요동칠 때가 있지만) 다소 안정적인 사회다. 하지만 이 안정과 풍요로움이야말로 진짜 위험한 것은 아닐까. 뉴스 피드에 매번 올라오는 기후위기, 전쟁, 전 지구적으로 자본화된 경제가 불러온 대규모의 희생은 잠깐 화제가 되었다가 이내 잊히고 나는 여전히 이전과 같은 삶을 산다. 왜 더 많이 알고 더 빠르게 연결되는 시대를 살면서도 삶의 방식은 똑같은 방향을 향할까? 왜 우리는 우리의 안정과 풍요를 의심하지 않는 걸까? 이 질문과 더불어 번역하는 내내 나를 사로잡은 화두는 '타자'였다.

『녹색 자본론』은 2001년 9월 11일 우리 앞에 나타난 '자본주의의 타자'에 대해 고찰한 책이다. 21세기 벽두에 일어난 9/11 테러는 차별당하고 배제된 타자성이 극단적인 폭력의 형태로 도래한 사건이었다. '우리'란 서구 자본주의를 국제적 보편성으로 간주하는 사람들이며, 배제된 타자는 비인간동물이기도 하고, 이슬람이기도 하고, 실험적인 예술이기도 하다. 이들은 우리의 '풍요로운 세계'를 위해 망각되거나 버려졌다. 비인간동물은 매대의 고기가 되었고, 이슬람은 테러리스트의 종교 취급을 당하고 있으며, 예술은 익숙한 감각을 재생산하는 것만 가볍게 소비된다. 눈에 거슬리는 모든 것을 없는 셈 치고 살면서, 우리는 과연 풍요롭고 행복한 삶을 영위할 수 있는가?

나카자와 신이치는 여러 타자의 존재를 경유해 우리가 살아가는 세계를 고찰한다. 루소의 사회계약, 마르크스의 가치형태론, 프로이트의 쾌락원칙 등을 인용하여 자본주의 시대의 인간이 느끼는 불안에 구체적인 형체를 부여한다. 이 책에 실린 네 편의 글은 자본주의를 근본적으로 분석하여 그 정체를 밝히고 있다. 특히 「녹색 자본론」은 자본주의의 근본원리가 된 그리스도교를, 같지만 다른 유일신교로서 전혀 다른 경제학을 발전시킨 이슬람과 원리적으로 비교 분석함으로써 '다른 경제학'의 가능성을 탐색한다.

「압도적 비대칭」은 자연과 인간의 관계가 깨지면서 생겨나는 파괴와 비극을 그린다. 폐쇄적이고 '부유한 세계'를 이룬 인간은 더 이상 동물로 대표되는 자연과의 관계에서 예를 갖추면서 균형과 조화를 이루려고 하지 않는다. 둘의 관계는 균형을 회복할 여지가 없는 '압도적으로 비대칭적인' 수준으로 접어들었다. 인간은 비인간을 마음대로 처리하고, 물건처럼 대하고, 쓰레기처럼 버린다. 그 결과, 비인간-자연은 '테러'를 감행한다. 압도적 비대칭이 비극인 이유는 인간이 초래한 비대칭성으로 인해 모두가 희생되기 때문이다. 이와 같은 공멸의 길 입구에서 나카자와 신이치는 자연과의 새로운 '자연계약'의 필요성을 역설한다. 인간은 새로운 '자연계약'에 의거한 대칭성의 회복을 모색해야 한다는 것이다.

두번째 글 「녹색 자본론」은 자본주의의 기원을 탐색하는 동시에 자본주의와 다른 화폐론 및 자본론을 구성한 세계가 있었음을 보여 준다. 일신교의 기호론을 통해서다. 자본주의의 핵심은 이자(이윤)다. 이자는 화폐가 스스로 증식하는 것이다. 원론적인 일신교의 경제론은 이를 철저히 반대했다. 화폐에 의한 화폐 생산은 반(反)자연이기 때문이다. 모든 사물이 유일신의 표현인 한 그것을 넘어서는 증식은 있어서는 안 된다.

고대 중동에서 발생한 일신교는 기본적으로 이러한 '합리적인' 세계관에서 출발한다. 모세는 더 많은 가치증식을 바라며 황금송아지로 몰려든 백성들의 마음의 싹을 잘랐다. 이슬람은 이자를 금지하여 신과 인간 사이에 다른 이미지가 개입하지 않도록 했다. 이를 '타우히드 화폐론'이라고 한다. 타우히드란 '다만 일화(一化)하다'란 뜻으로, 유일자이면서도 모든 것으로 표출된 신 외에 다른 것은 없다는, 증식에 대한 단호한 거부의 의미를 담고 있다. 이와 대조적으로 그리스도교는 '삼위일체 화폐론'을 주장한다. 삼위일체란 신, 신의 아들(예수), 그리고 그 사이에서 유동하는 사랑의 힘(성령)이 셋이면서 하나라고 구조화하는 이론이다. 신 외에 다른 실체는 없다고 말하는 유대교나 이슬람과 달리, 그리스도교는 '하나'인 신의 이름에 '신의 아들'과 '성령'이라는 야릇한 개입을 허용함으로써 증식의 가능성을 열어 주었다. 이는 자본주의 화폐론으로 이어진다. 마르크스는 화폐와 이윤의 관계를 삼위일체에 빗대어 설명한다. 만약 화폐가 어떤 물건에 대한 증서 정도의 역할을 한다면 오래 품고 축적할 만큼 매력적이지 않을 것이다. 하지만 화폐는 모든 사물의 가치를 매길 수 있는 척도 역할을 하면서 그 자신이 하나의 상품이 된다. 자본주의는 화폐가 이자라는 성령의 가호 아래 그 자체로 상품이 됨으로써 성립된 것이다.

이윤과 화폐에 대한 인식론의 차이는 윤리의 차이를 낳는다. 화폐의 마술에 반대한 이슬람의 가장 큰 축제가 절식과 절욕의 라마단인 반면 그리스도교(그리고 자본주의)의 축제는 축적과 증식의 크리스마스이다. 나카자와 신이치는 이 글을 이슬람에 대한 무지와 편견에 분노하여 썼다고 한다. 9/11 이후 이슬람은 테러리즘과 동격이었고 '악의 축'으로 비난받았다. 하지만 이슬람은 지워져야 할 '악'이 아니라 자본주의의 폭주를 경계하고 의식하는 타자, 잃어서는 안 될 '경제학 비판'이어야 한다는 것이 나카자와 신이치의 주장이다.

「슈토크하우젠 사건」은 9/11 직후 일어난 사건을 통해 우리 안의 경직된 이분법적 사고를 폭로한다. 독일 작곡가 카를하인츠 슈토크하우젠은 2001년 9월 16일 함부르크 음악제에 초대되었으나 곧 쫓겨나다시피 도시를 떠났다. 음악제 전야에 진행한 인터뷰에서의 발언이 문제였다. 슈토크하우젠은 9/11 사태에 대해 일종의 "예술작품"이라고 발언했고 이로 인해 그는 해명의 기회도 받지 못한 채 거센 비난에 휩싸이게 된다. 나카자와 신이치는 이 사태에서 예술이 맞닥뜨린 위기를 읽어낸다. 예술은 본래 양의적(兩義的)이다. 예술은 사람들이 원하는 익숙한 쾌락을 선사하지만 다른 한편으로는 일상생활의 루틴에서 벗어나려는 전복성을 내포한다. '슈토크하우젠 사건'이 보여 주는 것은 '제국'의 '안전영역'에 갇혀 양의적 힘을 잃어버린 예술의 위기다. 글로벌화된 풍요로운 세계인 '제국'은 철저하게 쾌락원칙을 따르며, 그것을 방해하는 요소들을 편집증적으로 제거하여 '안전영역'을 구축하려고 한다. '슈토크하우젠 사건'은 이러한 '안전영역'에 포섭된 예술의 위기를 보여 준다. 이를 극복할 수 없다면 예술은 종교가 그러했던 것처럼 세속적 힘에 휘말리고 말 것이다.

부록으로 수록된 「모노와의 동맹」은 사물을 뜻하는 언어 '모노'를 분석하여 인식론과 존재론 그리고 윤리론을 모색하려는 시도다. 보통 '것'으로 번역되는 '모노'(物)는 물리적인 실재만이 아니라 지각을 넘어선 현상까지를 포괄적으로 가리킨다. 어원을 거슬러 올라가 보면, '모노'는 자연의 에너지를 받아들이는 용기(容器), 그 에너지를 이용하는 제기(祭器), 에너지가 물성을 갖추어 순수한 에너지 상태였을 때보다 상대적으로 쇠퇴한 것 등 다양한 뉘앙스를 포괄한다. 나카자와 신이치는 이 '모노'를 일본어의 '근원어', 즉 관계를 맺고 소통하며 존재하는 방식을 나타내는 말로 보고, 이를 서양의 존재론을 나타내는 근원어 '피시스'(physis)와 비교한다. '피시스' 개념은 근원적 어둠과 빛을 구별하려는 경향을 전제하며, 이는 미신에서 이성으로, 야만에서 문명으로 나아가려는 서양 문명을 보여 준다. 반면 '모노'는 기원에서 이탈하여 진보로 나아가는 것이 아니라 존재하는 것은 그 자체로 이미 혼성체임을 직시하는 개념이다. 나카자와 신이치는 '모노'의 분석을 통해 복잡한 존재 지평 속에서 살아가는 윤리를 강조한다.

자본주의는 전체의 관계보다 그 안에서 이루어지는 증식에만 주목한다. 증식에 대한 신화에는 가장 밝은 부분만 취하려는 피시스적 존재론의 경향이 녹아 있다. 이로 인해 모든 것은 성장을 위한 도구가 되며 전체성은 외면된다. 하지만 모노의 관점에서 볼 때 증식은 전체의 관계 속에서 이루어지는 충만함으로, 자연의 증여와 따로 떨어뜨려 취할 수 없다. 증식이 아닌 다른 충만함과 풍요를 상상하는 데, 이 글은 좋은 길잡이가 되어 줄 것이다.

이 책의 계기가 된 9/11로부터 벌써 20년이 넘게 흘렀다. 그동안 이 책에서 제기한 문제들은 매번 다른 식으로 반복되었고, 어떤 면에서는 증폭되기도 했다. 요즘 나는 친구들과 혜화역에서 진행되는 전국장애인차별철폐연대의 선전전에 참여한다. 장애인이 지역사회에서 함께 살아갈 수 있도록 이동권 보장을 외치는 그들과 함께할 때마다 내가 사는 이 풍요로운 도시가 얼마나 협소한 기준에 맞춰져 있는지를 실감한다. 이 도시에서 휠체어를 탄 몸은 불편함을 감수하도록 강제되고, 그들의 목소리는 배제된다. 이런 구조에서 고통받는 것은 그들만이 아니다. 장애인이 배제된 지하철을 채우는 건 콩나물 시루처럼 빽빽하게 수납되어 숨도 못 쉬고 엉켜 있는 몸들이다. 지하철공사 직원과 대치 중인 장애인을 향해 화를 내는 사람들 앞에서 나는 나카자와 신이치가 언급한 '거울'을 떠올린다. 타자는 내 몫을 빼앗으러 오는 존재도 아니고 나보다 더 못한 존재도 아니다. 그들은 내 삶이 무엇으로 이루어지고 무엇에 의지하고 있는지를 보여 주는 거울이다. 이 사실을 직시할 수 있다면 지금 우리가 남을 배제하는 동시에 스스로를 소진시키는 길에서 벗어나 다른 풍요를 상상할 수 있을지 모른다. 『녹색 자본론』을 읽으며 그런 상상력이 길러지기를 기대해 본다.

이 책의 번역은 오래전에 한 것인 만큼 여러 사람의 손을 탔다. 먼저 이 책을 권해 주시고 함께 문장을 다듬어 주신 채운 선생님께 감사드린다. 그리고 이 번역문을 처음부터 끝까지 원문과 대조해 가며 함께 읽어 준 하늘의 고생에도 감사한다. 또 언제나 함께 공부하고 밥 먹는 규문 친구들 ―― 규창, 민호, 인, 정옥샘, 희수샘, 정아샘께 늘 고맙다. 그리고 이 부족한 번역문을 '시절인연을 만났다'라고 하시며 출간 결정을 해주신 북드라망의 김현경 선생님, 그리고 편집자 분께 감사드린다.

찾아보기

【ㄱ·ㄴ·ㄷ】

9/11 13, 145, 233
가잘리, 아부하미드 무하마드 알(Abu-Hāmid Muḥammad al Ghazālī) 81
가치 8
가치증식 110, 219
것(物) → 모노
고전파 경제학 79, 81, 107, 108
광우병 30
괴델, 쿠르트(Kurt Gödel) 104
교환가치 8
그리스도교 42
　~ 세계 70, 76
　~의 사고 33
　~적 일신교 문명 94
글로벌 자본주의 10
기호 60, 61
껍질(かひ) 175, 177, 180, 192
네안데르탈인의 대뇌 45
농경신 43

다니자키 준이치로(谷崎潤一郎) 194
　「음예 예찬」 194
다마(たま) 170~172, 192, 201, 215
다마후리 168
단성론(單性論) 90
대칭성 사회 27, 34, 36
동물 왕 48
동일본질(호모우시아) 91
등가교환 8
등가형태 117, 119, 121, 135
디디모스(Dydimus) 98, 210, 211
　『삼위일체론』 211, 212

【ㄹ·ㅁ】

라마단 130
라캉, 자크(Jacques Lacan) 61
레비나스, 에마뉘엘(Emmanuel Levinas) 189, 196
레비-스트로스, 클로드(Claude Lévi-Strauss) 30, 61, 125

로고스 54
  신의 ~ 60, 62
르 고프, 자크(Jacques Le Goff) 73, 76
  『중세의 고리대』 73
마나(mana) 125, 126, 200
마르두크(Marduk) 43
마르크스, 카를(Karl Marx) 8, 10, 104,
105, 109, 114, 117, 120, 126, 135, 190,
220, 221
  ~의 '성령' 116
  ~의 트라우마 114
  가치형태론 9
  노동가치론 10
  『자본론』 8, 11, 81, 109, 112, 123
모노(モノ, 物) 47, 160~162, 172, 173,
175, 179~181, 184~186, 191~193, 195,
199, 201, 215, 224, 234
  ~로서의 생명 163
  ~와의 동맹 222
  ~와의 새로운 동맹관계 223
  ~와 피시스의 차이 186
  ~의 용법 162
  ~적 기술 207
  ~적 사고 193
  고대 일본어에서의 ~ 164
모노노베 모리야 166
모노노베 씨족 165~167, 176, 180
모던 예술 154, 155
모세 50, 53~56, 64
모스, 마르셀(Marcel Mauss) 125
  『증여론』 125
무이자은행 68
무함마드(Muhammad) 93

미야자와 겐지(宮沢賢治) 20, 25, 26
  「빙하쥐 모피」 21~25
민속학 179

【ㅂ·ㅅ】

바알(Baal) 43
바키르 알사드르, 무함마드(Muḥammad
Bāqir al-Ṣadr) 64
  『이슬람 경제론』 64, 68
방주적(坊主的) 개념 114
베버, 막스(Max Weber) 218
부유한 세계 19~21, 27, 38
불변의 동일성 209
브르통, 앙드레(André Breton) 44
비대칭성 20, 29
빈곤한 세계 19~21, 27, 38
사치(さち) 215
살린스, 마셜(Marshall Sahlins) 202,
214
삼위일체 114, 124, 128
삼위일체론 89, 90, 112, 123
상대적 가치형태 117, 119, 121, 135
상상계 61
상징계 61
상품 112, 117
성령 100, 102, 105, 115, 124
  마르크스의 ~ 116
수렵사회의 사고방식 206
수크 상업 136
슈토크하우젠, 카를하인츠(Karlheinz
Stockhausen) 142, 144~146
슈토크하우젠 사건 145~149, 156

슈페터, 조지프(Joseph Schumpeter) 78, 106
스즈키 잇사쿠(鈴木一策) 114
스콜라 경제이론 78, 106
스콜라 철학 74, 81, 99, 113, 123
스콜라 학자 103
스피노자 61, 94
　~ 철학 84
시니피앙 64, 66, 88, 123, 126, 129
　~ 상품 122
시니피에 123, 126
　~ 상품 122

【ㅇ】

Or(אור) 195
아론 55
아리스토텔레스(Aristoteles) 92
아리우스파 90
아브라함 종교 42
아이누 28
아퀴나스, 토마스(Thomas Aquinas) 76, 78, 103, 106
알레테이아(비은닉성, aletheia) 187, 199, 206
압도적 비대칭 26, 33, 35
　~ 관계 25
　~ 상황 20
　~이 낳은 폭력 21
애니미즘적 세계관 11
야훼 53
양의성 156
양의적 사고 150

연옥 75
영적(靈的) 51
예술의 양의성 150
오모토(大本) 178
오베르뉴의 기욤(Guillaume d'Auvergne) 100
　「삼위일체론」 101, 103
우상숭배 62
우수라 금지 71~73
유대교 42
유동적 지성 46, 49
『율법서』(토라) 50, 52
음예 예찬(陰翳禮讚) 200
이슬람 42, 129
　~ 경제 79, 80, 95, 136, 137
　~ 경제의 원리 10
　~ 세계 9
이자 9
　~ 엄금 68, 69
이자율 59
이자·이윤의 발생 67
인간과 야생동물의 관계 20
인간노동 10
인간 왕 48
인류 최초의 예술 44
일신교 42, 59, 60
　~의 경제학 비판 59
　~의 본질 56
　~의 사고 9, 10, 67
　~의 출현 52
　~적 기호론 63
잉여가치 114

【ㅈ·ㅊ·ㅋ·ㅌ】

자본 214
『자본론』 8, 11, 81, 109, 112, 123
자본주의 11, 217, 218
자유영혼운동(自由靈運動) 128
절대적인 비대칭 32
정신분석학 117
조이스, 제임스(James Joyce) 53
존재의 철학 211
종교 224
중농주의 81, 107, 108
　~자 77, 78
중상주의 107
　~자 77
초월적 지성 54
케인스(John Maynard Keynes) 58
코르뱅, 앙리(Henry Corbin) 85
쾌락원칙(pleasure principle) 61, 152~154
『쿠란』 66
타우히드(Tawḥid) 81, 105, 116
　~ 개념 도해 86
　~ 사고 89
　~ 이론 8, 9
　이슬람의 ~ 사상 84
　주성(主性)의 ~ 83
테러 21, 24, 27, 30~32, 34

【ㅍ·ㅎ】

페티시즘 126, 127
프네우마(πνευμα, pneuma) 95
프네우마토코이(pneumatochoi) 96
프로이트, 지그문트(Sigmund Freud) 152, 153
　『쾌락원칙을 넘어서』 152
프로테스탄트 128
피시스(physis) 182, 184~187, 190~192, 223
　~적 사고권 196
　모노와 ~의 차이 186
하우(hau) 200~202
하이데거, 마르틴(Martin Heidegger) 181, 187, 188, 190, 197, 206, 207
한계효용론 10
헤겔 철학 105
현상(現象) 184
현생인류의 대뇌 46
화폐 42, 64, 66, 67, 110, 112, 117
　~의 마술 114
　~의 맹아 121, 127
황무지(Waste Land) 31
황폐함 34
후설, 에드문트(Edmund Husserl) 184, 188
히에로니무스(Hieronymus) 71